名师名校名校长

凝聚名师共识
固本名师关怀
打造名师品牌
培育名师群体

　　　　顾明远

名师名校名校长书系

Great Teachers Elite Schools Celebrated Presidents

为人格盛开

蓝波湾学校育人行思行远

郑义富 ◎ 著

东北师范大学出版社

长 春

图书在版编目（CIP）数据

为人格盛开：蓝波湾学校育人行思行远 / 郑义富著
. — 长春：东北师范大学出版社，2019.3
ISBN 978-7-5681-5559-5

Ⅰ. ①为… Ⅱ. ①郑… Ⅲ. ①小学教育－文集 Ⅳ.
①G62-53

中国版本图书馆CIP数据核字（2019）第044353号

□策划创意：刘　鹏

□责任编辑：吴建宇　张新宁　　□封面设计：姜　龙

□责任校对：刘彦妮　张小娅　　□责任印制：张允豪

东北师范大学出版社出版发行

长春净月经济开发区金宝街 118 号（邮政编码：130117）

电话：0431-84568033

网址：http：//www.nenup.com

北京言之凿文化发展有限公司设计部制版

廊坊市金朗印刷有限公司印装

廊坊市广阳区廊万路 18 号（邮编：065000）

2022年6月第1版　　2022年6月第1次印刷

幅面尺寸：170mm×240mm　印张：16.5　字数：248千

定价：45.00元

　　2015年，我任教的那个班——"豆儿班"的学生即将毕业，根据过往的一些"日记"，我整理了一本"文集"，每篇都以一名同学为"主角"，记录了我和他之间的故事，每一名同学都有一篇。我把这本集子打印出来拿给"豆儿们"看，他们特别喜欢，因为每一个故事都真实发生过，而且都那么温暖而美好，我只是用最朴素的语言把它记录了下来。同学们兴奋而又幸福地传看着，在传看的过程中有的孩子就说："这是郑老师出的书！"我听到了就连忙订正，说这可不是正规出版的书啊。孩子们偏偏执拗地说这就是正规的书，比他们看到的正规的书还要好。有几个孩子还"不依不饶"地问："老师，你为什么不能出书呢？"出书？我很尴尬地向孩子们承认，老师还没有达到那个水平！有个喜欢阅读的孩子，曾经的理想是当个作家，因为是个"书虫"，经常误了功课，家长很担忧，对她那个当作家的理想也是嗤之以鼻。但我倒认为有这样的理想很好，所以经常鼓励她。没想到，在关于我出书的问题上，反倒成了她来"鼓励"我了。她见到我就问："小郑老师，怎样啦，可不能气馁，我可是以你为榜样呢！希望早日能见到你出的书哦。"一副小大人的样子，让我更为"纠结"了。后来终于下定决心，必须"做个样子"给我的"豆儿们"看，不能让孩子们对他们喜爱又信任的老师失望！在与出版社顺利沟通之后，"出书"被迅速提上日程，学校也非常支持。本以为可以给"豆儿们"一个交代，没想到中途遇到其他事，"出书"就此搁置。孩子们毕业后经常回校看望我，每每提起此事。那个当年鼓励我"相信自己"的孩子又有好几篇作文获奖或在报刊上发表了，她也继续"鼓励"我说："小郑老师，你是我的榜样……"

　　"豆儿们"毕业后，学校又交给了我一副担子，调到蓝波湾学校负责常务管理工作，同时兼任原学校的教科室主任。在来中山以前，我是有过学校管理经验的，做副校长两年，做校长五年。但是，近十年来主要还是一位教师的角色，心思也基本放在了学科教学与班级管理上，因为确实是喜欢和孩子们在一起，感受他们真诚的爱。我对孩子们的眼神尤其着迷，那里就像神秘纯净的太空或一尘不染的水滴，在他们中间，我仿佛徜徉在一片纯净无瑕的湖水里，在这湖水里，已经污浊了的心灵会慢慢得到净化。这样的"幸福"怎能舍得放下？但我还是接受了这个"艰巨"的任务。因为我对蓝波湾学校是有着深厚感情的。十年前我曾被匆匆忙忙地从总校调到蓝波湾任教。一干就是四年，这期间我克服了很多当时没有想到的困难，好在最后算是小有成绩。之后，总校成立了教科室，一个全新的科室，没有人有类似的管理经验，我又被调回总校任教科室主任。这是挑战，但也足见领导对我的信任。因此我也是全身心地投入工作，很快就见了成效，第三年就在全市召开的现场会上进行科研管理工作经验交流，之后又多次在省内进行经验介绍。应该说我的教科研管理工作得到了上级领导和同行们的认可。

本想着放下担子交给年轻人，自己"扎"到班级里和孩子们享受幸福去了，没想到又一个开学季，也就是2016年年初，我再次被紧急派到蓝波湾，这次是担任常务副校长。看来，我与蓝波湾的确有着不解之缘啊！

这一次"蓝波湾"之任可真不轻松！如今三年过去了，我仍然时常觉得压力大得喘不过气来。可能是自己"才疏学浅"，再加上凡事都希望尽到全力、做到最好，除了不能辜负学生和家长的信任和期待，让我最难以放下的就是教师的"未来"，特别是那些年轻的教师，我希望通过我的努力，能让大家齐心协力共同打造一个充满生机活力的名校——蓝波湾，让这些年轻的教师都能找到奋斗的目标，并拥有稳定的受人尊敬的"名校教师"的工作。这也是我经常少眠少休"只争朝夕"的最大的动力支撑。好在天道酬勤，蓝波湾学校迅速"崛起"，三年的时间里已经跃升为区内名校，排名市内一流行列。在学校管理的过程中，我的一些思考得到了实践，一些理想成为现实，令人欣慰不已……

今年的教师节，让我"牵肠挂肚"的那一届"豆儿们"相约来校看望我，着实给了我一个"惊喜"，看着他们一个个高高壮壮的，我特别高兴。孩子们叽叽喳喳地开心聊着各自中学的奇闻趣事，他们依然"不依不饶"地要求老师尽快出版那本书，并让他们每人都拿到一本书。虽然我极力解释，他们就是认定"豆班"的老师就应该是一位出过书的老师，而且要出版许多本呢。因为，他们相信老师能做到！唉，真是惭愧啊！面对他们，我还有何理由偷懒呢？

正因如此，才有了现在的这本书稿，虽然不是当年的那个"豆班的故事"，却是一个更大的"豆班"——蓝波湾学校的故事。其实也算不上什么书，充其量是文章汇编，甚至严格来说连正式的文章都算不上。但有一点，那就是每一段文字都是发自内心的，浸透着我对蓝波湾师生深沉的爱，透露着我对蓝波湾学校发展的担当与期许。把这样一本"集子"拿给我的"豆儿们"看，他们会满意的。

明年的教师节，"豆儿们"再来看我的时候，我就可以给他们每人一本老师出的"书"。然后告诉他们，你看，老师可是真做到了，以后就要看你们的了……

目录

引 言

第一章

菁菁者莪，乐育材也

第二章

更有价值，更有成就，更有尊严

第三章

心动，行动，爱蕴远方

第四章

智趣交融的课堂

第五章

一起读好书，一起看佳片

第六章

做一个拥有"真爱"的人

关于教育真谛的思考

我在被任命为校长的那一刻，自知肩上的担子有多么沉重，那时我就对自己说，今后的一切言行需要慎之又慎，一切管理实践都要基于充分而深刻的思考……

为人格盛开——蓝波湾学校教育行思录

有人说"校长是一所学校的灵魂"，对此我不敢苟同。一所学校的"灵魂"必然是这所学校过去的、现在的、将来的所有校园人共同塑造的。任何一个特殊的人也不可能代表所有人，更何况是要代表所有人的灵魂！但是，校长在一所学校发展的过程中，其地位和作用至关重要、无可替代。尤其是校长对于学校里众多学生的影响将是深刻而持久的，甚至影响其一生。

一所学校的校长，当他要为全校师生明确发展方向，确定发展目标的时候，当他要带领全校教师开展教书育人活动的时候，他一定要好好思考以下几个关于教育的根本问题。

一、教育的真谛是什么

"教育真谛"的探索不同于"教育目标"的思考，教育目标具有很强的时代特性，不同国家不同时期对于"教育目标"的定位是不同的。任何特定的"教育目标"都应该遵循"教育真谛"。比如说，"千教万教教人求真，千学万学学做真人"，就是陶行知先生追求的教育真谛。第斯多惠认为："教育的最高目标就是激发主动性，培养独立性。从广义上讲，这就是一切教育的最终目的。"[1]这里所说的"独立性"似乎也可以看作"真谛"，而不是具体的目标。杜威认为："我们所要求的是使儿童带着整个身体和整个心智来到学校，又带着更圆满发展的心智和更健康的身体离开学校。"[2]这一论述似乎也是在说"真谛"而不是说具体的目标。但是，第斯多惠和杜威的上述观点，如果作为教育真谛的话就稍显"片面"，"主动性、独立性"和"心智、身体的健康"一样，都只是教育的目的之一。

无论怎样表述，有一点是确信无疑的，就是教育本身不应该带有功利性。蒙田指出："教育目的不在于获利与获物，也不在于外表的炫耀和装饰，而在于修饰和丰富他的内心，希望塑造和教育出一个有才能的、有本事的人，而不是一个空虚的学者。"[3]蒙田所说的"空虚的学者"和钱学森先生曾经批评的——"精致的利己主义者"有共通之处。蒙田的这一论述我是非常信服的。那么，他所道出的教育真谛就是"丰富人的内心"，这已经在把"教育的真谛"指向人的培养，而且是人的内心的发展。康德在《论教育》中就说："人是目的，人永远不能是手段。人的尊严、人的幸福、人的发展才是教育终极性的价值目标。"这就更进一步指出，教育就是要"发展人"。赫钦斯则鲜明地指出："每个人要学习的不只是谋生能力，更重要的是成为一个完整的、充满活力的人。"[4]这再清楚不过了，培养"完整的、充满活力的人"，就是教育的真谛！特别是"充满活力"这个词，真的会让我们产生无限的遐想，或者说是对教育的美妙畅想。

二、什么是好的教育

知晓了教育的真谛是"培养完整的、充满活力的人"，我们就要让"真谛"深深地扎根在真实的教育土壤里，蓬勃地生长出充满活力的教育。这样的教育才是"好"的教育。"好的教育"通常会呈现以下几个特征：

（一）好的教育一定会使道德和精神发生更好的转变

美国的教育家菲利普在《什么是教育》一书中这样描述"好的教育"。他说："教育从根本上说是一项道德事业，其目标是对人类产生有益的变化，更重要的是，会完善人们未来的性格和个性。"继而，他又说道："教育是一种促进文化传播的社会活动，其明确的目标是让受教育者的性格和精神人格产生持久的好转变化。"[5]这就是说，好的教育至少要在两个方面起到促进作用，一是促进道德发展，二是促进精神提升。

（二）好的教育一定会小心呵护人的尊严

怀特海这样描述他的"真理"："我始终信奉这样一条教育原理：在教学中，一旦你忘记了你的学生是有血有肉的，那么你就会遭遇悲惨的失败。"他积极倡导"自由教育"，即"从本质上来说，自由教育是一种培养思维能力和审美鉴赏力的教育。它通过教授思想深刻的名著、富含想象力的文学作品和艺术杰作来进行。它在世俗物质力量面前保持了精神的尊严，那是一种要求思想自由的尊严"。[6]

（三）好的教育一定是有情怀的教育

1. 好的教育，就是要努力在学生的心灵中纺织出一幅和谐的图案

朱永通先生这样阐述"好的教育"，他认为："好的教育，一定是在学生的心灵中种下文明种子的教育，它能激发学生潜在天性中的良善力量，让美好的人性在不知不觉中伸枝展叶。相反，坏的教育，往往为了功利的目的而去压抑甚至摧残学生良善的天性。坏的教育，必然是短视的教育，它培养的不是温情、同情，而是敌视歧视。好的教育，应有人间情怀，让人如沐春风。"[7]

2. 好的教育，要思考"好的教育"对人格形成的深远作用

基于"培养完整的、充满活力的人"这样的教育真谛，开展"充满情怀、呵护思想自由的尊严、促进道德和精神的发展"的教育，其指向是"人"，确切地说是"人格"。教育在本质上就是为了培养"人格意义上的真人"。国内学者孙念超曾撰文指出："人的现代化的实质，是人的思想价值观念、行为方式、生活方式实现从传统到现代的转变。只有在心理、思想、态度和行为上都经历一场向现代性的转变，形成现代化人格，人才能称之为现代化的人，这样的社会才能称之为现代化的社会。"[8]这里将人格培养与社会的现代化相关联。那么，指向人格的培养目标该如何定位呢？

（1）基于对"人格缺陷"的担忧而提出的"培养健全人格"。

英国教育理论家怀特海认为，教育的目的就是培养人格健全的人。我国持有这一观点的教育家为数不少，最具代表性的应该是蔡元培先生。他强调教育的目的是培养健全人格。在他看来，"健全人格是德育、智育、体育、美育和世界观教育的和谐发展，是儿童身心两方面的和谐发展，是个性与群性的统一"。[9]但是，面对这一论述，我们不免产生疑惑，"健全人格"对于一个人来讲到底是下位的标准还是上位的标准？如果说没有形成"健全的人格"就是"人格缺陷"，那么"健全人格"就应是下位的标准。但是这个下位标准又显然"严苛"了一些，要做到"德、智、体、美和世界观和谐发展，身心两方面和谐发展，个性与群性统一"是何其难啊！如果说是"上位的标准"，又只是强调了"和谐发展"，并没有指出"发展的程度"，而且，所谓的"健全"似乎也偏重于"全面"，极有可能在追求"均衡"的过程中失去"个性"。

（2）理想人格与人格完善。

"理想人格"应该是人格培养的理想目标，是完善了的人格。我国有学者认为："人的发展的最终目标乃是造就高尚健全的人格即理想人格的实现。"[10]百度百科对理想人格的释义是："理想人格一般是指一定社会或阶级所倡导的道德上的完美典型，是人们普遍认为的完美人格形象，是一定社会的道德要求和道德理想的最高体现。"那么，好的教育就是要培养具有"理想人格"或者说"人格完善"的人吗？试问，一个人的人格怎么可能会完美无瑕、尽善尽美？这可以作为高远的目标，但人不可能拥有完美无缺的人格。实际上，真正完美的人似乎只存在于虚幻或神灵世界。

（3）我们更希望能助力师生"人格盛开"。

按照理想人格去培育人，或者说是追求人格的完善，不如试着去"唤醒"儿童的"人格"，以期他的人格能够自我成长、自我发展。德国教育家汉斯·舒维尔这样描述"教育的核心"，他说："教育绝非单纯的文化传递。教育之为教育，正在于它是对人格心灵的'唤醒'。这是教育的核心所在。"[11]怀特海也认为："学生是有血有肉的人，教育的目的是为了激发和引导他们走上自我发展之路。自我发展才是最有价值的发展。"我们所追求的不应是面面俱到的发展，不应是尽善尽美的人格，而是能够助力学生拥有独立的人格，充分使其个性得到发展。我们不能"框定"学生的发展样式，只是帮他们扫除成长的障碍，并促使他们能够不断完善自己。在形形色色的人格样态的百花园中，力求每个人都能自如绽放，都能尽情盛开。这里所说的"人格盛开"不单单指学生，还包含对老师的期望，要充分呵护教师的尊严，使得教师在育人过程中不断地发展自身的人格，在师生交往的过程中展现出"盛开的人格"。这才是我们的目标，这才是我们应该努力并且可以做到的。

为人格盛开——蓝波湾学校教育行远录

基于以上思考，近年来我在蓝波湾学校进行了一些探索和实践。

中山市实验小学蓝波湾学校创建于2004年9月。学校以"办精品学校，育时代英才"为宗旨，着眼于学生的终身发展，培养"兴趣强烈、情趣高雅、品德高尚"的蓝波湾学子，努力让每一个孩子都拥有"健康、和谐、幸福"的童年。近年，蓝波湾师生把"传承、进取、追求卓越"作为共同遵守的准则并逐步涵养成校风，以"成为属于自己的No.1"为校训，形成"敬业、严谨、慈爱"的教风，"自信、乐学、友善"的学风。蓝波湾学校的教师队伍是一支使自己工作更有价值、事业更有成就、生活更有尊严的，拥有教育梦想、充满教育情怀，坚定教育信仰的、卓越的教师团队。"健康快乐生活，幸福茁壮成长，自主独立求知，自信和谐交往"是蓝波湾教育人描绘出的理想学生样态。"让每一名学生都拥有终生受益、终生难忘的小学生活"是蓝波湾学校全体教师共同的心愿。为实现这样的"共同愿景"，我们采取了怎样的行动呢？

一、引领"师生阅读"，激发师生自主发展的原动力

什么是教育？钱理群先生给出了这样的答案，就是爱读书的校长和爱读书的老师，带领着学生一起读书，就这么简单。是的，的确简单，但真要做到，绝对不是容易的事。也有学者这样阐释读书与教育的关系：教育是干什么的？老百姓有一种最朴实的说法：孩子上学，就是"去读书"。读书，这就是关键。引导师生读书，是教育的根本职责。那么，怎样才能让师生走上幸福的阅读之路？

（一）做不折不扣的教师阅读的"带头人"

笔者深信，最适合教师学习的方式不外乎读书。苏霍姆林斯基在《谈教师的修养》一文中特别指出教师"读书"的重要性。法国福楼拜在致友人的信中说"阅读是为了活着"。作为校长，笔者始终倡导教师们把阅读当作生活的一部分，希望"阅读"能成为蓝波湾教师的精神需求和特有符号。近年来，笔者坚持进行阅读推荐，每年撰写读后感或读书推荐近70篇，通过微信朋友圈或其他途径介绍给老师们，激发教师的阅读兴趣，并推动教师们成立读书组、读书会，在多种大型活动及多个工作层面上给予鼓励，逐渐使老师们以"阅读"为荣、以读书为己任，从而影响家长、带动学生，使校园形成浓厚的阅读学习氛围，营建起真正的书香校园。

（二）不遗余力地倡导学生"做个读书人"

爱国实业家、教育家张元济先生说："天下第一好事，还是读书。"读书，就是追求真理；读书，就是学习做人。笔者紧紧抓住学校的各种重大活动倡导学生"要立志做个读书人"。"立志做个读书人"，就可以自强不息、追求卓越；就可以增长智慧、知晓人道、通透古今、明辨天理、体悟人生。倡导学生"要自主自觉地去读，要入耳入心地去读，要付诸实践、知行合一"。在一次毕业典礼的讲话中，笔者提出了殷切的期望：希望同学们把读书作为一种生活状态，"吾生也有涯而知也无涯"，读书自有其乐，无关财富、无关虚荣，"一编在手，万虑皆忘"，拿起书即可欣然自得！读书人的一生可以俯仰于天地之间，幽思明悟，无怨无悔！立志做个读书人吧，做一个具有独立精神和自由思想，善良而真诚的读书人！笔者引领师生阅读，就是希望师生能够在文化的浸润下让人格尽情绽放。

二、聚力于"成就教师"，促进教师人格盛开

"发展师生"是蓝波湾学校新时期的核心战略。其重心在于"发展学生"，其前提却是"成就教师"，为此我们实施了四项"重点工程"。

（一）卓越工程——开展"卓越教师"团队建设

1. 实施"本土名师"的培养计划

我们结合学校的实际情况及发展预期，制定本校名优骨干教师分层、评

选、培养等办法。改革评优评先机制，让真正有能力做实事，有贡献、有影响的人脱颖而出。明确各层级教师的职责权力，切实发挥名优教师的带头示范作用，充分发挥"名师"影响力。仅2017和2018两年中，就有1位教师评上了特级教师，1位教师成为省教师工作室主持人，1位教师评上了南粤优秀教师。在区首批"名教师"评选中，蓝波湾学校占了四个席位中的两个。在区骨干教师评选中又有7人脱颖而出。

2. 描绘共同愿景，强化愿景在团队发展中的激励作用

学校认真审视自身的发展历程，审时度势，确定蓝波湾学校新时期的共同愿景是：发展师生、关注成长、着眼未来，成为属于自己的No.1！让学生拥有终身受益、终生难忘的小学生活，努力把学校建设成为示范一方、影响全国的名校！力争让每位师生都明确属于蓝波湾学校自己的精神符号。

（二）幸福工程——优化管理机制，凸显人文关怀，增强教师的职业幸福感

学校发展的关键因素是人的自主性。人的主观能动性是事物发展的根本动力。为了使教师的工作更有价值、生活更有尊严、事业更有成就，我们努力增强管理实效，切实提升教职员工的薪资福利。近三年在管理层的积极运作下，教师人均年薪提升了3.6万元，教工福利每年都提升千元以上。

（三）暖心工程——强化工会组织凝聚人心的作用

工会组织是干群关系的润滑剂，成功的工会活动能够产生凝聚人心、减缓教师工作压力、增强教工自我认同感的强大作用。学校工会以"蓝波湾一家人"为主题，实施"暖心工程"，开展"丰富多彩、充满情怀"的工会活动。把教师的身心健康和幸福生活作为头等大事去抓，通过工会把学校的关心和爱护送给每一位教师。

（四）新风工程——强化师德师风建设，提升团队整体素养

良好的师德师风是学校跨入高位发展之路的必要保障。蓝波湾学校努力涵养"拥有梦想、用心做事；虚心学习、与时俱进；敢于担当、锐意进取"的新风尚。学校注重发现教师亮点，树立优秀典型，培养师德模范，让学生喜欢、家长信任、同行敬佩的老师得到应有的尊重和荣誉。

三、奠定一生幸福基础，助力学生"人格盛开"

（一）树立起支撑人格发展的四个支柱

联合国教科文组织《教育——财富蕴藏其中》一书中明确提出教育的四个支柱，即"学会认知，学会做事，学会共同生活，学会生存"。与此相应，蓝波湾学校竭尽全力为学生搭建起支撑人格发展的四根支柱："健康快乐生活，幸福茁壮成长，自主独立求知，自信和谐交往。"

（二）发展个性化的精神生活，助力个性化人格盛开

苏霍姆林斯基在《给教师的建议》一书中阐明"我们"的职责。即"全面地发展每一名学生的个性，发现他的禀赋，形成对艺术创作的才能，以便使他享有一种多方面的完满的精神生活"。[12]让学生享有多方面的完满的精神生活是"人格盛开"的必备条件。蓝波湾学校在学生的兴趣特长培养方面做了积极的、有益且有效的探索和尝试。如今，已形成了体育、艺术、科技、社会实践等多项特色"品牌"。

在体育与健康方面，我们并不追求为数较少的"特长生"为学校争荣誉，而是从单纯的运动竞技追求发展为对体育文化的涵养。我们倡导学生能够"养成积极健康的生活方式，学会基本的体育技能，找到适合自己的个性化体育项目"。在这一理念的引领下，蓝波湾体育人营造出了浓厚的体育文化氛围，帮助学生获得多样化的体育运动体验。在确保每一名学生都能接受完整的体育课程教学基础上，形成多个特色项目，如游泳、足球、羽毛球等。这些项目不是少数学生的"特长课专利"，而是每名学生都会在相应的时间段内进行系统、科学、连续的训练，形成扎实的基本技能。比如游泳项目，学校要在二年级开展整整一年的游泳普及课，每周2节，有专业的教练和学校体育教师共同授课。类似的足球课则在一年级和四年级进行全年普及。我们期待学生能拥有健康的生活，掌握适合自身的运动方法和技能，培养起自己的运动兴趣和爱好，养成健康文明的行为习惯和生活方式，从而更加和谐地"自主发展"。

在艺术教育方面，我们坚持让全体学生在音乐、美术、书法等课堂中都能受到艺术熏陶并掌握必要的知识技能，从而提升学生的审美和鉴赏能力。

学校设置每天半小时的"艺术大课间"进行艺术普及教育，还开设了近20个艺术社团。每学年都举办全校性的合唱比赛、艺术节、师生书画展等大型活动，给学生充分的学习和"亮相"机会。如今，艺术教育已成为蓝波湾学校广受社会好评的"品牌"，是蓝波湾人的骄傲。当然，我们更加渴望，能让每一个孩子都受到系统优质的艺术教育，每一个孩子都能够愉快而幸福地徜徉在艺术的殿堂中。对于艺术，我们盼望每一个孩子都不再只是仰视他人，不再只是羡慕他人快乐地歌唱、美美地表演、幸福地接受赞美。我们要让每一个孩子都能开口愉快地唱歌、自信而骄傲地表演，从而形成主动感知艺术与美的意识，树立美的、健康的、高雅的审美价值取向，终生都能够流畅地、艺术地、自信地表达自我，一辈子都可以在生活中发现、捕捉、感受、欣赏、享受自然之美与生活之美，找寻到自己的人生幸福！

怀特海在《教育的目的》一书中这样阐述教育的目标："要塑造既有广泛的文化修养又在某个特殊方面有专业知识的人才，他们的专业知识可以给他们进步、腾飞的基础，而他们所具有的广泛的文化，使他们有哲学般深邃，又有艺术般高雅。"[13] 我想，我们倾尽心血所要培养的，应该是有着健康的体魄、聪慧的心智、高雅的情操、深邃的思想的人。而我们全部的追求，可以浓缩为一句话——为了儿童的人格能够盛开！

参考文献

[1] 第斯多惠.德国教师培养指南［M］.北京：人民教育出版社，1990：85.

[2] 杜威.学校与社会·明日之学校［M］.北京：人民教育出版社，1994：66.

[3] 蒙田.教育文选［M］.北京：人民教育出版社，1989：418.

[4] 罗伯特·M.赫钦斯.永恒的变化［M］.杭州：浙江教育出版社，1970：125.

[5] 菲利普·W.杰克森.什么是教育［M］.吴春雷，马林梅，译.北京：北京时代华文书局，2015：154.

[6］［13］怀特海.教育的目的［M］.庄连平，王立中，译.上海：文汇

出版社，2013：1.

［7］朱永通.教育的细节［M］.上海：华东师范大学出版社，2017：189.

［8］孙念超.国民性的改造与人的现代化［J］.船山学刊，2008（3）.

［9］江雨，郑刚.蔡元培的幼儿教育思想及启示［J］.教育导刊，2016
　　（6）：7.

［10］虞有谦.从传统现实人格到现代理想人格［J］.学海，2005（5）.

［11］汉斯·舒维尔.教育学经典作家［M］.出版者不详，1979：263.

［12］苏霍姆林斯基.给教师的建议［M］.北京：教育科学出版社，
　　　1981：120.

1

第一章

菁菁者莪，乐育材也

近日，蓝波湾学校的老师们纷纷在微信群里转发一则喜讯：祝贺蓝波湾学校毕业生李同学以专业排名第一的成绩被剑桥大学经济学专业录取！

菁菁者莪，乐育材也！学生取得好成绩，老师们当然开心、激动！更令人欣喜的是，我们看到了一届又一届蓝波湾学校的毕业生，就如李同学一样，成长为性格开朗、积极向上，洋溢着自信、充满阳光的少年！这是教育者真正的使命所在！

钱理群告诉我们："要为学生一生的发展奠定坚实的基础：一个终生学习的底子，一个终生精神发展的底子。"身为教师，我愿倾尽一生之力，助学子们的人格之花得以盛开！

相信你们，放心去飞

——2016年毕业典礼致辞

亲爱的同学们：

今天我们欢聚一堂，举行隆重的毕业典礼。此刻，我与同学们一样激动，这或许会成为令你我都终生难忘的一天。小学毕业就说明你已经完成了义务教育的三分之二。至高中毕业，现在的你已走完求学路程的二分之一。若读大学，这六年是学业旅程的八分之三。如果人的平均年龄是72岁，小学生活则占据了十二分之一。试问，一生能有多少个六年？怎能不去珍惜，如何不令人怀念？

回想这六年，一共2 138天（毕业后的暑假不计在内），在校1 200多天。同学们的平均身高从之前的110 cm到今天的145 cm。六年里同学们至少掌握了2 460个汉字，阅读了至少348篇课文，学习了600多道数学例题，做了4 000道习题，掌握了英语基础语法及500个左右的单词，熟练了5种球类基本技巧，参与了15种以上体育项目，开展了60多次如春游、秋游、科技节、艺术节等集会活动。可以说，蓝波湾学校见证了你们的茁壮成长。今天，我可以骄傲地说，你们每一位都是合格的毕业生。在此，请允许我代表全校师生向你们表示热烈的祝贺！

回想这六年，一共2 138天，在校1 200多天，你的老师至少要陪伴你

10 000小时。你的哭、你的笑，你的进步、你的困扰，你的成功、你的挫折，你的喜悦、你的烦恼……凡此种种，你第一时间想要找的必定是你的老师。此时，你要毕业了，你可以深情地看一看你的老师，小声地说一声，老师，我不会忘记您——

回想这六年，一共2 138天，在校1 200多天，你的爸爸妈妈要风雨无阻地接送你2 400多次。这还不包括你中午回家，不包括你让爸妈送书送本送校服，不包括妈妈给你送汤。可以预见，像这样的接送和探望还会持续相当一段时间。但是，将来爸爸妈妈上了年纪，很少有人能够做到每周探望父母一次。所以在你们毕业时，我要提醒一句，永远不要忘记父母的恩情，切勿借口未长大或是青春期而对父母不敬或无礼。此时，你可以温暖地望一望爸爸妈妈，在心底里轻轻地说一声，爸爸妈妈，谢谢您——

回想这六年，一共2 138天，在校1 200多天。六年中你在校园里留下了约1 200万个脚印，足迹遍布校园的每个角落。六年中你流泪的次数约为10至100次，包括喜悦和激动的泪水，开怀大笑的次数一定超过1万次。无论你是欢笑还是流泪，无论你是静静地坐在教室或是在校园里奔跑，每一次母校都温柔地将你拥入怀里，一一记住你的气息。同学们，承载着你所有光荣与梦想的，是注定令你一辈子魂牵梦萦的——母校！此时，你可以放声大喊，母校，我爱你——

回想这六年，一共2 138天，在校1 200多天。全体教师都竭尽全力让同学们拥有"终生受益，终生难忘"的小学学习生活，渴望你们在蓝波湾学校能够"健康快乐生活，幸福茁壮成长，自主独立求知，自信和谐交往"；渴望"追求卓越"能成为蓝波湾学子们鲜明的印记！当然，在这六年里一定也会有许多令你们不愉快的记忆，我在这里诚恳地请你们谅解，希望你们把所有的不愉快统统忘掉，拥抱梦想踏上新的征程。

回想这六年，一共2 138天，在校1 200多天。你们的发展可圈可点，可喜可贺。六年里平均每位同学获校级奖励15次之多，全年级获市级以上奖励累计600多项，获国家级奖项就有40多项。这六年，学校和教师也在伴随你们一起成长。教师在各类教学评比中获市级一等奖以上的就超过100人次。全校有了2位特级教师，2位副高级教师，2位市名师名校长，具有省骨干教师、市学科带头人、市骨干教师等同资质的超8人。六年里，学校荣获了市级以上的荣誉称号20多项，并从市一级学校跨越为省一级学校，成为区域翘首窗口学校。未来，办成"示范一方、影响全国"的名校将是我们坚定不移的奋斗目标。同学们，昨日母校和你共风雨同成长；明天母校将为你骄傲，你则会因母校而自豪！

回想这六年，一共2 138天，在校1 200多天。美好而又难忘的日子一去不复返。就在今天，你们毕业了！老师们的千言万语此刻凝聚为殷切的期盼与衷心的祝福，期盼你们能够踏踏实实地度过每一天，期盼你们能够自由地思想，成为真正站立的人！祝福你们拥有健康、快乐、幸福的一生！

同学们，相信你们，有梦，去追；相信你们，放心，去飞！

读书、做人，志在远方

——2017年毕业典礼致辞

亲爱的同学们：

今天我们欢聚一堂，一起回味难忘的小学生活，共同庆贺求学路上的新起点。此刻，我代表蓝波湾全体师生，向所有即将毕业的同学表示热烈的祝贺！

日月如梭，在蓝波湾学校的六年里，你们没有虚度光阴，通过刻苦学习，你们掌握了各学科的基础知识，培养了兴趣爱好，强健了体魄，提升了修养，德智体美劳得到了全面发展。在这六年里，你们勤勤恳恳只争朝夕，知晓了荣辱，学会了合作，懂得了感恩！在这六年里，你们不负韶华，坚定不移地崇尚校风、恪守校训，做到了"乐学、自信、友善"。今天，我可以自豪地向大家宣布，你们每一位都是合格的毕业生，每一位都足以让蓝波湾学校为你骄傲！

同学们，临别之际，身为校长、师者，你们的大朋友，想把千言万语的期许浓缩为一句忠告，那就是"希望同学们立志做个读书人"！

古往今来的圣贤大家们无不酷爱读书，提倡读书。甚至有人认为，人就是一种"读书"的动物，也就是说读书是只有人才会去做的一件事。高尔基曾说"书籍是人类进步的阶梯"。著名的爱国实业家、教育家张元济先生说

"天下第一好事，还是读书"。著名的大教育家陶行知先生则说"千教万教教人求真，千学万学学做真人"。读书，就是追求真理；读书，就是学习做人。

同学们，要立志做个读书人！要自主自觉地去读，要入耳入心地去读，要付诸实践、知行合一。希望同学们把读书作为一种生活状态，"吾生也有涯而知也无涯"，读书自有其乐，无关财富、无关虚荣，"一编在手，万虑皆忘"，拿起书即可欣然自得！

同学们，要立志做个读书人！法国福楼拜说"阅读是为了活着"。生命的意义在于你所赋予它的全部，读书就是在做有意义的事，读书意味着生命不息，奋斗不止！读书人的一生可以俯仰于天地之间，幽思明悟，无怨无悔！立志做个读书人吧，做一个具有独立精神和自由思想的善良而真诚的读书人！

同学们，未来的路也许不会一直开阔平坦，人生旅程也不会总是一帆风顺，但我相信你们会让自己的人生更充实、更有意义。希望你们在人生之路上不屈不挠、砥砺前行，蓝波湾的学子永远不会忘记自己内心的声音，那就是"成为属于自己的No.1"！

同学们，此刻，请你珍藏依依惜别之情，拿起行囊，抖擞精神，从这里出发！只是，请别忘记，蓝波湾学校是你的家，这里留有你的欢声笑语，这里有你成长的足迹，这里有你栽下的凤凰树，当风儿捎来你的问候，它们就会枝摇叶舞，那是在把思念说与你听……

亲爱的同学们，请别忘记，蓝波湾会在任何你需要的时候为你加油！你放心去飞吧，飞得更高更远，因为，你的志向在远方……

做最好的自己，人生一路阳光

——2018年毕业典礼致辞

亲爱的同学们：

当我为每一位同学颁发毕业证书的时候，感慨光阴似箭。看到同学们庄重而又得体的举止，很是欣慰。六年的小学生活还没来得及好好回味就转瞬即逝。值得庆幸的是，在蓝波湾学校的六年中，你们做到了"健康而快乐地生活、幸福而茁壮地成长、自主而独立地求知、自信而和谐地交往"。在蓝波湾这个充满阳光的大家庭里，你们勤勤恳恳只争朝夕，你们"知晓荣辱、学会合作、懂得感恩"！你们不负韶华、崇尚校风、恪守校训，做到了"乐学、自信、友善"。在此，我自豪地宣布，你们每一位都是合格的毕业生，每一位都足以让蓝波湾学校为你骄傲！

同学们，今天举行毕业典礼，意味着我们要结束这一段旅程，开启全新的征程。我衷心地祝愿同学们，身体越来越健壮，能力越来越强大。最重要的是要永远保持你们在小学生活中珍贵的友谊和内心中的那份纯真。因为，这会让你拥有善良，这会让你的人生更加纯净！

同学们，人生路上没有人会永远一帆风顺。我们总要在某些时候面对挫折和坎坷，积极的应对是我们唯一正确的选择。在座的同学就有因为学期中突然更换班主任学业受到影响者。正是因为同学们的积极应对，我们才能够共渡难关。但无论什么原因，我作为校长都要为此事给同学们造成的困扰而向你们表示真诚的歉意。请同学们原谅我这个并不优秀的校长，原谅你们心有苦衷的老师！

同学们，这几天恰逢足球世界杯，有一支著名的球队接连失利，队中的核心球员被人嘲讽谩骂。我想同大家说说这位球星，借此谈一谈我所崇拜的偶像。这个人他在很小的时候就非常喜欢踢足球。可是所有人都对他说，球场不是你能去的地方，甚至有人断言他这辈子都别奢望任何高强度的运动。为什么？因为他得了"生长激素缺乏症"，俗称"侏儒症"。为了治病，他每天都要吃药打针，不能有一天间断，在药物的作用下，他的身高可以慢慢长一些，但还是要承受骨骼和肌肉等多方面病痛的折磨。即使成年后身体状况也会比同龄人差。但是，在他弱小的身躯里却拥有一颗无比坚强和勇敢的心，任何病痛都不能阻止他为梦想而拼搏。从少年到成年，他从没停止过奋斗，并以他坚强的意志力跨越了一个又一个巅峰。2018年3月4日，他踢进了职业大赛生涯中的第600个进球！他带领球队获得的冠军奖杯多得令人咋舌！他毫无争议地当选为欧洲足球先生和世界足球先生。如今他31岁，已五夺金球奖，被英国《泰晤士报》评为"全球最有影响力100人"，也被美国《时代周刊》评为全球最具影响力的100位人物。他还是一位慈善大使。他在球场上心无杂念、自信专注，他是万人瞩目的球星，他是我敬仰崇拜的偶像。他就是阿根廷的英雄——里奥·梅西。

同学们，我不敢说你们每一个人的未来每天都会风和日丽，但我非常笃定地告诉你，也许你天生并不强大，可是，你一定能够让自己更加坚强！这会让你在迎向未来风雨时，勇敢、坚定而执着。这就是我们的校训"成为属于自己的No.1"的真正含义。最后，请同学们牢记："努力做最好的自己，人生就会迎来一路阳光。"

让我们一起努力，成为属于自己的No.1

——2017学年新学期寄语节选

亲爱的同学们：

早上好，见到你们个个都是那么健健康康精神抖擞的，真好！

假期过得开心吧！愉快的日子总是很快，不知不觉假期就结束了。（假期活动回顾，略）

新的学期如约而至，你们准备好了吗？

今天早上，当同学们跨进校门时，都做了一件庄严的事，就是将自己制作的一张心愿卡贴在了校门内的一面背景墙上。有的同学的心愿是……有的则说要……有的则想要……都好，我祝大家达成心愿，梦想成真。

其实，我听到、感受到最多的心声是——要成为属于自己的No.1！这非常好，蓝波湾的学生个个都不一般，个个要争当No.1。"追求卓越"必将成为每一位蓝波湾人鲜明的烙印。

同学们，"传承、进取、追求卓越"是我们的校风，是蓝波湾师生学习工作的准则。"成为属于自己的No.1"是我们的校训，是我们的共同追求，是时刻激励我们前进的精神动力！

同学们，在新的学期里，我衷心地祝愿大家能够"健康快乐地生活，幸福茁壮地成长，自主独立地求知，自信和谐地交往"，成为属于你自己的No.1！

请用心呵护荣誉

——2017学年散学礼上的发言

亲爱的同学们：

看到同学们和老师们神采奕奕地从红毯上走过，绽放阳光般的笑容，真为你们骄傲。你们就是蓝波湾的自豪，你们就是自己的No.1！作为校长、作为颁奖人，此时此刻想和大家说上几句心里话。

第一，努力做到最好，不断追求卓越，用心呵护荣誉。

今天，这么多人走过光鲜亮丽的红毯，登上摆满鲜花的颁奖台，让人羡慕不已。但是，我们更应该知道，通向荣誉的奋斗路上其实并没有铺满鲜花。相反，可能充满了荆棘，历经坎坷。你们每一个人一定都付出了难以名状的心血和汗水，因此，这荣耀背后的坚韧和刻苦、执着和拼搏更加让人敬佩！你们每个人都曾努力让自己做到最好，不断地追求卓越，你们的荣誉包含着你们为理想而付出的奋斗。因此，这荣誉无价，这荣耀值得你骄傲，也值得让我们为你自豪。这荣誉，你与我都应该用心去呵护！

第二，不要刻意去做他人眼里的第一，而是要成为属于自己的No.1。

我们的校训是不是要让我们都去争第一呢？争班级的第一，争全校的第一，啥都争第一呢？不是的，这些第一虽然反映出你在某方面出类拔萃，但我们不能只盯着这些，你真正要做的，是成为最好的自己，要比奋斗、比付出，比今天的自己是不是比昨天的自己更优秀，有没有信心让明天的自己比今天的自己更优秀，比的是努力，比的是不断追求卓越，而不是比名次的高低，不是比成就大小，不是比成败输赢！记得六年级毕业典礼时，我讲到了我的偶像，阿根廷球星梅西。因为典礼当天凌晨，梅西的阿根廷队再次输球了，虽然这不是我希望的结果，但是当我看到比赛后大家对梅西铺天盖地的嘲讽与谩骂，我觉得要站出来挺他，要让同学们也知道他的传奇故事。所以，毕业典礼上我的发言就改了一部分，就有了力挺梅西的一大段。后来，梅西和阿根廷队力挽狂澜小组出线，但终遇更强大的法国队，鏖战最后一秒依然输了。阿根廷队输球了，但梅西并没有输，因为他依然是全队的核心和灵魂，他为阿根廷队拼搏每一分每一秒，直到最后。今天他所在的阿根廷队没有成为赢家，但梅西没有输掉任何尊严。他依然是受人爱戴、受人尊敬的，他依然是我的偶像，哪怕他明天退役了，依然是绿茵场上应该永远铭记的人。因为，他从没懈怠，他从没停止过奋斗，从没改变他干干净净的敬业和做人的品格。我崇拜这样的人，即使他垂老暮年，即使他悄无声息，依然是我心中的梅西，永远的梅西。

第三，不要把荣誉当作鸟儿炫耀的羽毛，荣誉只是你光辉人生路上的风景。

同学们，请你们一定要明白，荣誉重要，但取得荣誉的过程更重要。一个人的尊严并非在获得荣誉时，而在于追求卓越的过程，最终使你真正配得上这荣誉。所以，同学们，不要去刻意地追名逐利，不要成为奖牌名次的奴隶，不要总是和别人比！要和自己比，要和自己的过去比，要为自己的未来负起责。要不断地给自己设定小目标，完成小目标再设定大目标，你的每一点成长与进步，都是你的荣耀，更是你的尊严！让自身更优秀，让自我更强大，不是要把别人比下去，不是做别人眼中的第一，而是要做自己内心中自豪与光荣的"我"，要成为你自己的No.1！

让我们都能成为"属于自己的No.1"！

最后，祝同学们假期平安快乐！

拥有梦想，拥抱未来

——2018学年新学期寄语节选

同学们，每个学期的开学典礼上，作为校长总要为同学们送上新学期寄语。今天的寄语题目就是"拥有梦想，拥抱未来"。主要聊一聊"五个一"，即"一首诗、一台电视节目、一次盛会、一个人、一句话"。

首先，我想与同学们一起诵读颜真卿的《劝学》。"三更灯火五更鸡，正是少年读书时。黑发不知勤学早，白首方悔读书迟。"希望同学们能够早早勤学，"白首"之时悔之晚矣！

9月1日，同学们都收看了"开学第一课"。你印象最深的是什么？令我难忘的一段是清华大学副校长薛院士与王源的对话。我也想借此向同学们提三点期望：第一，新学期，我们要心怀梦想。没有梦想人就会迷失，希望同学们认真思考自己的梦想，树立自己的奋斗目标。第二，新学期，我们要永不言弃。清华大学副校长也有考39分的时候，所以失败毫不可惧，但是一定要有自己的坚守，要永不言弃！第三，新学期，我们要充满信心。成功有两个必不可少的条件，一是相信自己能成功，二是永远保持这份信心。用王源的一句话与同学们共勉吧，"作为青少年，我们要追求精神的浩瀚。少年远行，不畏将来"！

再与同学们聊一聊"一次盛会"，就是刚刚结束的亚运会。中国的参赛队员们顽强拼搏，共夺得了132枚金牌，是响当当的"No.1"。在此，我要呼吁同学们向亚运健儿们学习，像他们一样坚定执着、勇敢拼搏。

还要讲"一个人"，就是蓝波湾学校几年前的毕业生李同学。今年他以专业第一的成绩考入国际顶尖大学剑桥大学。据老师们回忆，当时李同学并不是班级中成绩最好最出色的同学，取得这样"耀眼"的结果，关键的一点就是李同学始终"积极向上、阳光自信"。这正是同学们要向他学习的地方！

最后，送上一句话，也是今天发言的题目"拥有梦想，拥抱未来"。让我们都能成为属于自己的No.1！

光荣的一天

——2017年少先队员入队仪式上的发言

尊敬的家长朋友、老师们，全体少先队员们：

大家早上好！

刚才我见证了庄严肃穆的少先队入队仪式，心潮澎湃。同时，我感觉到非常欣慰。看到同学们着装整齐亮丽，佩戴着鲜艳的红领巾，我作为一名教师感到无比的幸福。我想，此刻感到幸福的还有家长们，因为今天我们是如此近距离地感受到了孩子的成长。此外，感到幸福的一定还有辛辛苦苦组织这次活动的大队辅导员王老师，以及各位中队辅导员老师。他们为这次活动做了精心细致的筹划与准备。当然，最幸福的要属新入队的小队员们。看，你们个个都神采飞扬！老师们、家长们，我提议，再次以热烈的掌声表达我们的祝贺！

关于中国少年先锋队这个组织，我想王老师一定和你们说了很多，也嘱咐了很多。我便不再"啰唆"了，只是希望你们今后能够为这个伟大的组织增光添彩！

不过，有一件事我还是要强调。你们知道"入队"对于日常的学习生活意味着什么吗？——光荣。你入队了，就是在大声向所有人宣布，我光荣！在学生的品行方面，我们学校对不同年段的学生提出不同的要求，即"低年级知晓荣辱，中年级学会合作，高年级懂得感恩"。那么，如何做才能算是知晓荣辱呢？要怎样做才能守住你的光荣呢？

我提几点建议：讲文明、懂礼貌、爱学习、讲卫生、尊敬师长。每天早上来上学，见到老师问声好，见到同学微微笑，不打不闹进学校。进了校门轻声慢步，进教室端正坐好。上课了专心听讲积极发言；课上课下好学多问，有空就读读书；快放学了教室要好好打扫，自己的书包文具也要整理好，再看看自己依然还是干净整洁，爸爸妈妈见了都会夸你。最后一点就是要尊敬老师、长辈，不能对老师、家长耍脾气或无礼顶撞。这样的一天就是光荣的一天。长期坚持，你就是一名合格的、光荣的少先队员。

少先队员们，蓝波湾学校是一个光荣的大家庭，这里有你有我有他，我们要在这里健康快乐地生活、幸福茁壮地成长、自主独立地求知、自信和谐地交往。

蓝波湾的校风是"传承、进取、追求卓越"，校训是"成为属于自己的No.1"，希望大家能够牢牢地记住！

在这光荣的时刻里，我想与同学们再次共同呼号：时刻准备着，为共产主义事业而奋斗！

最后，想请同学们一起大声地说："我光荣地入队了！"

共同的梦想

——在庆祝"六一"活动上的发言

尊敬的来宾、家长朋友们，全体师生：

大家早上好！

今天一早，便见到同学们个个兴高采烈的，为什么呀？对，六一儿童节，是同学们自己的节日，理所应当要热热闹闹地度过。同学们以往也过六一儿童节，那么，以前的六一儿童节给你留下了什么深刻印象呢？

我相信同学们对"大食会"一定印象深刻，这是必然的。但是，平时同学们也不缺美食啊，为什么"大食会"还这么受欢迎呢？知道原因吗？是因为"分享"，和好朋友分享，和老师、家长分享。因为分享所带来的幸福感更加强烈！这就是"大食会"比吃独食更令人愉悦难忘的原因。

蓝波湾学校的老师们有一个共同的梦想，就是希望同学们能够在校园里"健康快乐地生活，幸福茁壮地成长，自主独立地求知，自信和谐地交往"。所以，我们的六一儿童节就不能仅仅是"大食会"了，还要举办更有意义的活动。我们要让同学们更加幸福快乐的同时能更为自信和谐，那就是庆祝"六一"文艺会演，"缤纷社团展风采、金色童年绽芳菲"。

同学们，今天将要展示的大多是学校社团自己的节目。蓝波湾开设社团活动的宗旨就是尽一切可能助力儿童发现自己"多样化的潜能"，让我们懂得美，欣赏美，更加自信，更加幸福！我们盼望每一位同学在蓝波湾都能拥有"终生难忘、终身受益"的学习生活。

　　同学们，蓝波湾学校艺术教育已成为广受社会好评的响亮品牌，能拥有这么优秀的艺术教师、这么浓厚的艺术环境，是一件多么幸福的事啊，那么，每一位同学都应该为自己是蓝波湾人而感到骄傲自豪！今天，就让我们在自己的舞台上尽情歌舞，尽情展示才华，快快乐乐地度过一个难忘的节日。

美丽小城故事多

—— 在香港小学生来校交流活动上的发言

可爱的来自香港的小朋友们，你们好啊，我打心眼儿里欢迎你们的到来。知道什么是"打心眼儿里"吗？就是诚心诚意、真心实意地欢迎。

首先做个自我介绍。我姓郑，是这所学校的副校长，22年教龄，是一头老黄牛。教过的一些毕业班的学生有的叫我"老郑"，你们也可以叫我"老郑"。

同学们来自香港，来自哪所学校呢？我非常喜欢香港，比如香港的流行音乐及影视剧。好多年前，那个"麦兜"的电影，给我留下了深刻的印象。

小朋友们知道这个城市吗？中山市原来叫香山（1152年），后来为什么以中山（1925年）命名呢？是为了纪念伟人孙中山先生。如今的中山，既有繁华都市的喧嚣，也有河堤杨柳的舒缓；既有高楼林立车水马龙，又有小桥流水亭台楼阁；既现代感十足，又古朴典雅。这就是珠江岸边香山脚下伟人故里的悠闲小城。中山是一个有着悠久历史的城市，很自在、很舒适的小城，小城很美，小城故事也很多。

在中山市西区，有一条河，是中山的母亲河岐江河，在蓝天绿树的掩映下，一湾浅水碧波荡漾，令人心旷神怡。在母亲河旁边，有这么一所比较小的学校——蓝波湾！

蓝波湾学校是个什么样的学校呢？介绍学校基本情况（略）。我们期待"传承进取，追求卓越"能成为蓝波湾师生的显著特质。稍后，我校会有几个兴趣活动小组的师生和大家进行深入交流，有书法、合唱展、传统艺术剪纸、画灯笼、羽毛球、国学吟诵等。希望你们能喜欢并有所收获。

唐代杜甫的《客至》说："花径不曾缘客扫，蓬门今始为君开。"再次向各位的到来表示热烈欢迎！也祝香港的老师和小朋友们能够拥有一次愉快的令人难忘的中山之旅。

我的暑假不虚度

——参加学生"说说假期里的收获"座谈发言

假期不算短,但终究会"用完"。悠闲的日子宛若白驹过隙,俯仰之间即由休假模式转为"马力全开"。回首昨天,伙伴们可否有兴趣盘点一下?我的暑假生活记录如下:

"1",一次旅行,写了一篇游记——《胡同儿里的鸽哨与蝉鸣》。不过,在阅读了肖复兴的作品后感觉很汗颜,惭愧,自己对老北京的文化意蕴连个皮毛都未窥见!

"2",假期两次应酬吃饭。一次与朋友,一次与同人。所以,假期中好心约我而我"不给面子"的朋友们莫介怀啊,我现在就如有些自闭倾向的"宅男",还有我本该请客却迟迟没行动的,就别和我计较了……

"3",三次纯培训。一次贵阳,两次在本市。高密度且针对性强,是自己喜欢的培训,收获满满。自己非常渴望回到大学三点一线的生活。

"4",撰写四篇文稿,有不算成型的论文,也有随笔。2017学年忙于事务没有啥业务成果,2018学年要早做准备。

"5",假期里跟进了五项学校工作:图书馆翻新,荣誉室改建,教室座椅及一体机等物品的更换,迎检工作,教师招聘。

"7",减重7公斤。实实在在的成就感!不过,看起来似乎不明显。

"13"，一部好电影胜过一本好书！假期欣赏好电影13部，微信推荐10部。

　　"15"，阅读15本书。其中专业书3本，撰写读书推荐12次。

　　"300万"，阅读超过300万字。

　　回头看看自己的脚印，很踏实，没有虚度光阴！

让学习终生为伴

——参加毕业班学生座谈活动发言（节选）

学习真的不仅是学生时期的事，是要伴随一生的。

我很清楚自己从来都不算优秀，做学生时，有的学科也有过不及格，有的学科甚至多次不及格。上大学时还挂科，比如英语。我也很清楚自己总是笨笨的，记忆力很差，读过的东西没个四五遍根本记不住；反应也慢，往往大家都知道怎么回事了，我才若有所悟的样子，常被耻笑。

但我更清楚，学习没有捷径，学习不可讨巧，学习不仅为安身立命，学习不是一时一事，学习必须坚持，学习是要伴随一生的。

所以，无论我处在哪个阶段哪种身份，学生也好，教师也罢；无论我遇到什么样的境地，顺境也好，逆境也罢，总是不忘一件事，就是学习。2000年到2003年那几年我在哈尔滨呼兰区任校长，住在学校，经常看书看到半夜一两点钟，令值班的大爷深感奇怪，经常在巡更时到我办公室"查看"我在干什么。一直到今天，我也毫不怀疑学习会伴随我今后漫长的生活。

我不相信有哪个人不需要学习，更不相信谁可以不劳而获。学习是"人"最显著的标签。盼望我的朋友、我的同事、我的学生，都能与学习为友，让学习终生为伴。

第二章

更有价值，更有成就，更有尊严

　　我毫不怀疑，蓝波湾的老师们必将是拥有教育梦想、充满教育情怀、坚定教育信仰的闪耀群"星"。蓝波湾的学子们必将为其小学六年的学习生活而终身受益、终生难忘！蓝波湾学校也必将成为示范一方、影响全国的名校！蓝波湾注定要成为No.1，而蓝波湾的你们也注定要成为属于自己领域的No.1！

　　　　　　　　——摘自"2016年任职交接会议上的发言"

美好的梦想不是梦

——2016年任职交接会议上的发言

（问候语略）

此刻，我很紧张。但是我感受到了老朋友们的鼓励、信任，新朋友们的接纳和期许；我告诉自己，绝不能辜负了这份信任和期许！

此时，我也感到压力重重。蓝波湾学校十年艰辛创业，克服了种种困难，在华策集团和实验小学及蓝波湾学校的共同努力下，收获了累累硕果，取得了骄人的成绩。蓝波湾管理团队是一支高效、精干、执行力强的团队，蓝波湾的教师是充满朝气、团结上进、有无限发展空间的优秀群体，能成为这样团队中的一员，虽然有压力，但十分荣幸。

关于这次职务任命，我有三点认识：其一，这是阶段性常规的校内岗位调整。名校办民校是蓝波湾立校的根基，不能动摇。总校是蓝波湾背靠的大树，两校交流合作是我们的优势，人员的流动是资源整合的主要方式，这些都是工作常态。蓝波湾办校之初，是从总校调任副校长，2006年2月，我也是从总校调过来任教导主任，2009年末，我调回总校任教科室主任，如今调过来任常务副校长。这样的岗位调整虽然属于重大工作变动，但依然是一种常态。其二，这也是慎重而又充满温情的人事安排。任职前，校长找我到办公室，语重心长、推心置腹地谈了一个下午。归纳一下，主要是叮嘱了三个"一点"：对蓝波湾的老师们更好一点，大家都是兄弟姐妹，来自五湖四海，缘分难得，很不容易，要珍惜；对行政管理团队的成员要谦卑一点，这里既有前辈，也有一起创业共同打拼过来的战友；为蓝波湾学校所做的事更实一点，要毫无私心杂念地为蓝波湾的发展尽心尽力。校长从始至终言辞恳切，感人至深。就如同嘱咐我照顾好他的家人一般，令人为之动容，眼眶湿润，内心温暖。其三，这还是两校大发展、大布局的关键一环。回顾我到总校任教科室主任这五年，取得了一些还能说得过去的成绩：个人获得市骨干教师、省骨干、市学科带头人等荣誉；考研究生拿硕士学位；写了几本书并出版一本著作；评上了副高级。管理方面，任教科室主任之初，在校领导的指导下制订了五年工作规划。一路走来，鲜花和掌声很少，困难和阻力不小，但我还是克服困难埋头苦干，最终交出了一份令人满意的答卷。这些成绩的取得关键在于什么？就是顽强的斗志和坚忍不拔的意志。如今，蓝波湾经过十年艰辛创业，已经打下了坚实雄厚的基础。新时期，面临新发展阶段，最核心的任务就是"发展师生"！发展历程中两个不可或缺的要素就是"斗志昂扬""坚忍不拔"。我的某些性格特点与新时期学校发展所需相契合，因而总校大发展的战略、蓝波湾发展谋篇布局选择了我，我不敢有丝毫懈怠！

老师们，显而易见，你们已经非常优秀。但是，新时期蓝波湾的发展呼唤更加优秀的你、你、还有你。所以，我们必须更上一层楼！

首先，我们的专业水准要更上一层楼。我们要努力培养出更多更优秀的拔尖人才。未来，在我们中间，一定会涌现出更多的市骨干、省骨干，市学科带头人、省学科带头人，市名师、省名师，甚至享誉全国的名师；还会涌现出更多的教育硕士，甚至教育博士；也必然会涌现出更多的副高级、特级教师。也许，这样的人才此刻就坐在你身边；也许，就是你自己！这是美好的梦想，但这绝不是梦！

其次，教师薪酬待遇也要更上一层楼。总校有的，我们也要有；总校没有的，我们还可以有。我们的薪酬待遇现在还不是民办校中最好的，但"最好的"就是我们的奋斗目标！

我毫不怀疑：蓝波湾的老师们必将是拥有教育梦想、充满教育情怀、坚定教育信仰的闪耀群"星"。蓝波湾的学子们必将为其小学六年的学习生活而终身受益、终生难忘！蓝波湾学校也必将成为示范一方、影响全国的名校！蓝波湾注定要成为No.1，而蓝波湾的你们也注定要成为属于自己领域的No.1！

老师们，让我们携起手，传承、进取、追求卓越！

老师们，让我们携起手，尽全力使我们的工作更有价值、事业更有成就、做人更有尊严！

老师们，让我们携起手，在华策集团领导们的亲切关怀下，在两校领导团队英明的决策下，与总校师生一起，肝胆相照、风雨同舟、共创伟业！

谢谢！

我最可爱的伙伴，感谢你们

——2016年学期末教师会议上的致谢辞

　　繁忙的一学期终于圆满结束，太多令人难忘的人和事仿佛就在昨日。一次次共同打磨（课）的场景，一个个绚丽绽放的瞬间，一场场精彩纷呈的活动，一幕幕温馨感人的画面……还有加班加点时的互相鼓励，危机突发时刻的并肩携手，攻克难关时的紧密团结，意见相左时的面红耳赤，形成决议后的一致前行……蓝波湾，有最强有力的管理团队，他们亲如兄弟姐妹；蓝波湾，有最任劳任怨的教师群体，他们一直默默奉献。没有更舒适的工作环境，没有更优厚的薪酬待遇，但他们不断地"追求卓越"，追求属于自己的No.1，他们在并非优越的条件下创造了一项又一项光辉业绩。了不起！我为你们点赞！蓝波湾是我人生旅程中所遇到的最美风景，蓝波湾人是芸芸众生中我最可爱的同伴。感谢你们，爱你们。

新的学期，新的期望

——2017年新学期第一次教师大会上的发言

尊敬的各位老师们：

首先，要感谢各位能够以饱满的精神回到学校，投身到我们热爱的教育事业中。我代表校领导、理事会向各位老师们致以诚挚的谢意！元宵节刚过，节日的喜庆气息尚未走远，十五的月亮十六圆，祝愿各位在新的一年中工作圆圆满满，家庭和和美美。

我相信老师们对待蓝波湾学校，绝不仅仅是当作一份工作，一定还充满浓厚的深情。同样，我对蓝波湾学校，对各位亲如兄弟姐妹的同事也充满深情。

雄鸡司晨，今年是鸡年，鸡代表着准时守约、勤奋热烈，代表着有责任和担当。在鸡年伊始，我想提出以下几点希望，与大家共勉。

一、珍惜机遇，乘时乘势

今天，蓝波湾学校在几任校领导的带领和全体老师的努力下，整体办学声誉越来越好，社会各界评价越来越高。对我们给予赞赏和高度好评的既有领导和专家们，也有兄弟学校的同行们；既有家长及社会人士，又有离退休教师们。每当他们对蓝波湾盛赞时，我是既骄傲又惭愧。我只有踏踏实实埋头苦干，才能不辜负各界的信任和期待。

也许各位老师能够体会到，今天的蓝波湾得到市、省各级领导的关注与支持越来越多。西区文体教育局的各位领导对蓝波湾也是关爱有加。对我们"另眼相看"的还有西区各友好单位，如保健所、食药监局、气象局、公安分局等，特别是派出所、交警支队，大型活动总是有求必应。还有几位高校的教授、省德育研究中心的专家，市教研室、市进修学院等部门的领导也在关注蓝波湾的发展。正是因为蓝波湾广受关注，才使得蓝波湾学校的展示宣传平台越来越宽广，蓝波湾也因此有了更好的机遇发展自己。

当前，西区教育迎来改革的春风，发展新形势喜人。全区已吹响了"办西区鲜明特色、中山较高水平的现代化教育"的战斗号角。《西区关于推进教育改革和发展实施意见》中明确提出要"实施民办学校转型升级""促进民办教育特色优质发展""促进学校品牌建设""助力教师专业发展"，这些都将对蓝波湾的发展起到推波助澜的作用，这是蓝波湾的福音。党工委和教体局领导还希望蓝波湾能够成为西区的标杆、全市的名校。这份信任和期许既是压力，更是巨大的动力。

华策集团理事会在过去一年中大幅度提升了教师的工资待遇，人均年工资提升1.68万元。可以说这是前所未有的！这是一个强烈的信号，足以看出集团理事会在提升员工待遇、优化教师队伍方面将会进一步加大力度。

显而易见，蓝波湾遇到了难得的大好时机。作为蓝波湾的一分子，每个人都应当"珍惜机遇，乘时乘势"，时者难得而易失，机遇抓不住就会转瞬即逝，到时悔之晚矣！

二、拥有梦想，用心做事

"人患志之不立"，古今中外，但凡想要成就一番事业，首先要有高远的理想抱负，层次越高，成就越大。有研究指出，事业成功者与平庸者最大的区别就在于成功者有志向、有梦想。

教育是一项特殊的事业。有人说，教育是一首诗，有各式各样的格调与内涵。教育者若要走近她，首先必须有坚定的信念和强烈的愿望，即我要读懂她！朱永新在《我的教育理想》中谈到，一个好教师，就应该是一个有梦想的教师，对明天有着美好的憧憬。优秀的教师永远都会牢记自己的梦想。当生活没有梦想时，生命就会枯竭，教育就没有意义。

梦想还要付诸行动，行动开始前要设定好目标。规划长远的目标，设定短期目标，明确具体目标。我坚信，没有目标就没有高质量的生活体验。如果没有目标，工作生活就没有激情；没有斗志，自然就会慵懒，经常会感到空虚，在生活中找不到成就感，甚至抱怨嫉妒、自暴自弃。看看身边的人，今天可能和你相仿，而明天，也许就会大不同。这不同之处可能是职务、职称、荣誉、社会影响力或是自我成就感，总之，能带给他人正能量。如果你心中依然充斥着负能量，那么未来的你，对于他们只能仰望。

我也经常给自己定一些目标，包括读书的目标、写文章的目标、发表文章的目标，甚至是理财、考察的目标。目标要高远些，但不可脱离现实基础，要有可行性。

比如，去年年初我定的读书目标是50本。这是基于自己以往的阅读速度和阅读量设定的，不是凭空想出的。我希望老师们也能静下心来好好规划一下，为自己定下一些目标，最好能够制订个人专业成长三年规划。我们会同各部门针对教师自己制订的发展规划给予不同层面的帮助指导，为你助力！

有目标还不够，还要踏踏实实用心做事，努力达成目标实现梦想。千万不要小看"用心"二字，往往就是"用心"创造了无数个不可能的奇迹。大家都会用手机摄影吧，但你能想象到盲人也能成为摄影师吗？巴西的巴尔维罗就是一个"用心摄影"的盲人摄影师。

优秀的教师一定要会做"梦"。在新的一年里，我衷心地希望各位都能够拥有梦想，用心做事。

三、虚心学习，与时俱进

"非学无以治身。"教师要为儿童创设一个优质的学习机会，前提是教师必须是一个热爱学习、善于学习的人。没有哪一种职业比教师更需要不断学习，静下心来治学是教师的必修技能。

学习最常见的方式是读书。苏霍姆林斯基认为："读书、读书、再读书——教师的教育素养这个方面正是取决于此。要把读书当作第一精神需要，当作饥饿者的食物。要有读书的兴趣，要喜欢博览群书，要能在书本面前坐下来，深入地思考。"法国福楼拜致友人信中说"阅读是为了活着"。我想，我们也应该把阅读当作生活的一部分，即使再忙，也要定个目标，挤出时间读书。当然读书也要得法，2016年我所阅读的70余本书中，有些是反复读，有的是精读，有的只是粗略读，完全根据自己的兴趣和需要。

我有个提议，就是今年年末大家晒晒书单，晒读后感或读书推荐，来个阅读比赛，对阅读量大，读后感和读书推荐篇数多的进行奖励。目的无他，我们要把读书变成蓝波湾教师的精神需求。

我提倡读书，但不是唯读书至上论者。学习修身的途径多样，但并不唯一。"格物"也是学习的一种方式。无论哪种形式的学习，我们都要关注时势，擦亮眼睛，拓展视野，放眼世界。有人说，世界很大，要去走走看看。不过，我可不提倡"离家出走"或"离校出走"去关注世界。

当前社会发展日新月异，瞬息万变。智能时代，深蓝与阿尔法已经向人类发起挑战，教育也进入了第四时代。当"核心素养"已成为昨天的故事时，你还未曾了解过呢，岂不是落伍了吗？当我们对微课、幕课、翻转课堂、全课程、创客教育等还不甚了解的时候，互联网+教育的大爆发，基于大数据分析的个性化教育已经扑面而来，就连我们的日常生活也已悄悄进入了"Buy+"时代，不学习，不关注能行吗？

所以说，老师们千万不可闭门造车、故步自封，更不可夜郎自大，不能盲目跟风，更不可被时代抛弃。"夫学者贵能博闻也。"多接触各方面信息，多和青年人沟通，多了解新鲜事物，这些都是学习。学习不单单是脚踏实地地读书，同样需要仰望星空！仰望而致思，居高以察远，洞幽以烛微。让我们通过学习点燃那指引我们冲出黑暗的火把！

四、锐意进取，敢于担当

任何一个团队都需要锐意进取、敢于担当的人。如果要我对蓝波湾团队指出一点不足的话（当然这是在鸡蛋里挑骨头），我觉得我们还缺少一点进取精神，缺少一股子敢拼敢打的魄力，缺少勇于担当、锐意进取的人。如果以雄鸡做比，那我此时的想法大概就是："我求长鸡久未获，扫退残星与晓月。平生不曾轻言语，一叫千门万户开。""大事难事看担当。"我期待我们这支队伍里能够涌现出一只只雄鸡、一个个冲锋陷阵的战士！丹鸡被华彩，不惧露锋芒。

各位尊敬的老师们，"上下同欲者胜，风雨同舟者兴"。新的一年开启，让我们珍惜当下、携手并肩、团结一心，"登高望远，撸起袖子加油干"，为了蓝波湾的美好前景而努力奋斗。"鸡即鸣矣，朝即盈矣。"希望全体老师们充满豪情地续写蓝波湾发展史上的美丽篇章！

改变，正在悄悄发生

——2017学年新学期第一次教师大会上的发言

一、改变，正在悄悄发生

老师们，这个假期对每个人来说都过得很充实。有外出旅行的，领略祖国大好河山、美丽风光；有学习充电的，收获了丰富的知识；有奔回家乡看望父母的，尽心尽孝，享受天伦；也有专职陪娃带娃的，着实体会到做父母的不易，爱的陪伴不仅需要时间和精力，更要有耐心和智慧。总之，假期生活充实而有意义，最难得的是拥有了一份轻松和恬静，这其实正是我希望看到的！我希望看到，当老师们放假时，因为整学期的工作顺利并圆满完成而不留遗憾；我希望看到，当老师们放假时，因为辛苦付出得到认可肯定而心情愉悦；我希望看到，当老师们放假时，因为学校在提升教师薪资待遇方面的努力而让老师们生活轻松自如；我希望看到，当老师们放假时，可以完完全全放下工作去陪伴家人，规划旅行，享受假期，完全不用担心工作会不会不稳定……这些都是我希望看到的，我也的确看到了，因此，我要感谢让我的期望成为现实的老师们，谢谢你们！

老师们，这个假期不算短，足足有50天，当我们再次从自己的小天地中走出来，回到学校，回到这个大家庭，回到工作岗位时，不知你有没有留意到，在我们身边，改变已悄然发生……

（接下来从国家层面，省、市、区层面，学校层面，以及身边人的变化等各层面分别进行了梳理，具体内容略）总之，无论大变革还是小变化，利好的因素越来越多。"常制不可以待变化，一途不可以应万方"，身处变革时代，所有的一切都在变，唯有变化本身不变。

二、启航，展望新的征程

（此处主要是学校发展展望，具体内容可参考学校发展规划）

三、携手，期待明天更好

老师们，前几日在区教体局组织召开的校长会议上，分管教育工作的党委委员要求各位校长要认清当前发展趋势，分析自身办学的优势与不足，制订出清晰的发展目标，采取相应的措施办法，布好局、开好头。取得良好开端的关键是要让教师队伍士气高涨，因此，校长首先要做的事就是鼓舞团队的士气。但对于蓝波湾来讲，我们似乎并不缺乏士气！特别是这一两年，与前几年相比，最突出的地方就是"人心齐、士气高，风气正、干劲足"。虽说不需要专门做一些鼓舞士气的动员讲话，但是，在新学期第一天，仍然有一些心里话要讲，权当自我激励吧，希望能与大家共勉。

1. 岁月不居，天道酬勤

蓝波湾学校2004年建校，回首十多年的风雨兼程，忍看岁月流逝，感叹白云苍狗。建校初期的这些老朋友，如今芳华不再，谁又能将皱纹和白发拒之门外？做教育不容易，做教师更不容易。但我们可以很自豪地说，这十几年我们没有荒废。古语说"君子终日乾乾，与时偕行"。人的一生有多少个三年五年？有何理由不把握好机遇，只争朝夕，"天道酬勤"这几个字对任何人都适用。"苟日新、日日新"，只有更加努力、更加勤奋，让自己每天都有小进步，必然会让明天的自己更加强大！

2. 温恭朝夕，念兹在兹

教育是个良心活。我们只有好好地敬业爱岗，才能对得起那四十多双天真无邪的眼睛。温恭朝夕，念兹在兹，有此足矣！还需要什么"功名"吗？在孩子眼里，你就是最好的老师，你就是令他终生难忘的老师。

3. 潮平岸阔，风正扬帆

有道是"道在日新、新育生机"。如今，蓝波湾学校遇到了极为难得的发展机遇，正所谓"潮平岸阔催人进，风正扬帆大作为"。（对"发展机遇"进行阐释部分省略）

老师们，"东风好作阳和使，逢草逢花报发生"。新的学期，让我们好乘东风，携手共进，全力拼搏，相信蓝波湾的明天一定会更好！

争创名校之路还有多远

——2018学年新学期第一次教师大会上的发言

一、"区域名校"的称谓我们当仁不让

钱谦益先生曾经有一句话很"牛气"，即"当仁不让，舍我其谁"，多么有气魄！当然，这气魄必须基于厚重的"底气"。那么，蓝波湾有没有这样的底气？我想，至少在区内还是有这个底气的。下面，我列举一些数据和事例来"探探"我们的底，也亮亮我们的"本事"！（具体内容略）

二、在全市一流学校的梯队中我们已崭露头角

那么，我们在全市学校中处于怎样的地位呢？我想，在教师节座谈会上，区党工委书记已经给我们"定调"，那就是"同等体量规模中鲜有对手"，这可是至高的"赞誉"，是这个教师节我们所有教师最"给力"的"礼物"！虽然，这个评价包含了区领导对我们的期望和鼓励，是给我们"助威加油"。但也并非"虚夸"，我下面再举几组数据和事例说明这一点（具体数据和事例略）。因此可以说，今天的蓝波湾在全市一流学校梯队中已经崭露头角。

三、争取全市民办学校领军地位的基础已经稳固

蓝波湾学校开办14年来，披荆斩棘、沐风栉雨，一路拼搏打下了坚实的基础。这些"根基"是我们成长壮大的起点和源泉，学校的"奠基者"们留下的不只是物质财富，还有更为可贵的精神财富，我们将永远受用、永远得益。他们为蓝波湾这支队伍塑造了灵魂，给予了蓝波湾人"传承、进取"的精神力量和不断追求卓越的精神信仰。

四、决胜未来，我们准备就绪

近年来，蓝波湾生机勃发，办学条件和育人环境升级换代，由1.0到2.0再到3.0；蓝波湾的教师队伍更是雄姿英发、挥斥方遒、激扬青春；蓝波湾的办学声誉厚积薄发、声名鹊起、日渐隆盛！

决胜未来，我们已经做好的准备大部分应该算得上"数一数二"的！（具体数据和事例略）这些"数一数二"的必备力量，是我们决胜未来的"决胜之技"，向着未来出发，我们准备就绪！

五、未来已来，必当风正扬帆

各位老师，无论你是否整理好行囊，号角已经吹响！争创名校，我们已经在路上，成功的巅峰已经是咫尺之遥。

整装待发之际，我想向大家介绍两本曾经对我影响很深的书，一本是《给教师的建议》，这是可以读上一百遍的书。还有一本，读上一遍就让人充满信心和力量。2003年我第一次接触到这本书，从此它就成了我的案头卷，15年来，历久弥新。这本书就是朱永新老师的《我的教育理想》。这本书里描述了"理想学校"的"样子"，我们不妨看看都有什么。

1. 有突出的办学特色。

2. 能够彰显学校的文化品位。

3. 有一位有理想、有魅力的校长。

4. 有一支优秀的充满活力的教师队伍。

5. 有一个面向所有学生的课程体系。

6. 有一批善于探索并具有良好习惯的学生。

7. 有永远对学生开放的图书馆。

显而易见，我们正在朝着这一方向努力，有些我们已经具备，有些我们只需做得更好！再看看朱永新老师对"理想教师"的描述：

1. 胸怀理想，富有激情和诗意。

2. 自信、自强，不断挑战自我。

3. 善于合作，富有人格魅力。

4. 追求卓越，富有创新精神。

5. 勤于学习，不断充实自我。

6. 充满爱心，广受学生尊敬。

7. 坚忍顽强，不怕挫折，不服输，敢争第一。

8. 有强烈的社会责任感。

我们就有这样的一支教师团队！为此，我倍感自豪和骄傲！

老师们，时不我待，当砥砺前行。在蓝波湾学校，可能不会有最丰厚的薪资待遇，也不一定会有最优越最舒适的工作环境。但你一定会拥有发自心底的尊严感及满满的自豪感。我们一起努力吧，为了我们的生活更有尊严，工作更有价值，事业更有成就。未来已来，让我们扬帆远航！

凤凰鸣矣凤凰开

——2017年教师招聘工作有感

凤凰鸣矣凤凰开，凤凰盘旋归去来。拣尽寒枝不肯栖，情有独钟蓝波湾。冯谖弹铗见真义，薛城百姓城门开。盼得梁父吟一曲，难闻宁戚扣角哀。谁解千金可买骨，刻薄岂能聚贤才？安得广厦千万间，赠予猛士暖心怀。

昨日蓝波湾学校招聘，英语、心理、科学等几个学科都喜获"干将"，我激动不已，兴奋得很晚都难以入睡。这次招聘真是"百里挑一"，就如英语、语文等学科，每科初审100多份应聘材料，进入复审不到10人，最后选中的就更少了，像语文仅1人！但选中的皆为精英！作为学校管理者，我深知"事业要发展，人才是关键"！当前最为紧要之事，就是想想怎样做才能使更多品行优秀的有识之士、有才之人齐聚蓝波湾！

蓝波湾，我们相信未来！

把爱深深地埋在心底

——与"被"调班的老师说说心里话

我曾经的一位好搭档——谢老师，在这个学年末像很多心情郁闷的老师一样"被"调班了。提起这位老搭档，我就忍不住要赞一赞她。我很幸运，从教这么多年，每每一起搭班的总是那个真诚、和善、敬业又不乏温情之人。这位老搭档在兼具前述诸多美誉之外，独有一份恬淡和平静。与之搭档常能在相形见绌后提醒自己切莫急躁、切莫疏忽，真的是受益良多。这次调班，我看得出她是多么不舍、多么不愿、多么担忧、多么难过，又多么无可奈何。这种五味杂陈的滋味不久前我刚刚品尝过。可这么多天过去了，我却没有说过一句安慰的话，不是冷漠，只是要说的太多，一时竟不知从何说起。

如今作为管理者的我正在导演似曾相识的"棒打鸳鸯"式的一幕又一幕。面对同样眼噙不舍泪水的老师，我也没能促膝长谈或详尽解释或深情安慰。同样，不是因为冷漠，只是因为要说的太多，一时竟不知从何说起。

其实，大多数不愿被调班的老师在被调整任教班级后多多少少会有"情绪"。作为管理者，我并没有认为这是不配合，相反，我还会"窃喜"。他们的不舍，多是因为他们用情太深，是动了真感情。因为真心，所以师生间情深义重；因为用心，所以广受学生及家长拥戴；工作起来顺心，是因为有了对症下药的方法；感到暖心，是因为付出终于有了回报。刚好得心应手，正当踌躇满志，恰在此时，管理者硬生生地要把人家分开，人家怎能没有情绪呢？我的老搭档想必比我当初离开这个班时更为心痛。班上的孩子还有家长，没有哪一位会觉得这种调动"无所谓"，这不仅仅是经验和方法的原因，相反，相比于用心和真情，那些技术层面的东西不值一提，老搭档的人格魅力让人折服！

当然，我们在人员分工这件事上，是坚守了几条底线的，我觉得我们的所作所为经得起监督和检验。

首先，没有"醉翁之意不在酒"。没有带着情绪凭着自己的喜好去调换老师，我知道那样做会伤老师的心，会影响师生的真感情，会降低自身的品行，会壅塞自己的胸怀。

其次，没有"唯我独尊式武断处理"。所有的调整都是行政管理者们讨论商议后的决定，虽然最后的结果很难让每位老师都满意，但我们恪守原则，即使有再多美好的"愿景"，也不能拿那么多的"悲情"做代价。

最后，没有"心机重重布迷局"。学校即使难以成为净土，也绝不能成为"纸牌屋"。我始终认为最高效且理直气壮的管理情怀就是坦诚，除此之外别无他法。若把他人视为"弱智"，得到的也只有唾弃。

既然调班的目的确实是为了大局着想，那么，被调班的老师们，你们能理解吗？！老搭档，请你理解啊！

也许你早已通达，抑或还不能释怀。但是，当调班既成事实，我期盼你能有情、有义、有礼、有节地处理好与学生的关系，更要处理好与家长的关系。做好家长的解析工作，为继任者铺好路，为孩子们默默地再奉献一次。这一点你一定能做好，对于你，我从不怀疑。以一首短诗结束冗长但善意的唠叨吧，送给被调班的老师们，送给你，也送给你深爱的原班上的孩子们。

走吧，自己走！

我会一直看着你，

但是，我岂能总是牵着你手？

毕竟，你未来的路还是自己走。

走吧，放心走！

我会一直看着你，

相信，你感受的爱只会更多，

虽然，我把爱深深地埋在心底！

我们要如何庆祝教师节

——在2017年教师节庆祝活动上的致辞

亲爱的老师们，你们好。这几日我常为一事所困扰——教师节又要到了！我是教师，还是百多位教师的领头人。在教师节来临之际，我和我的同事们可能会面临同样的"心结"，那就是，这个节日我们到底该如何庆祝？

首先闯入我脑海的想法，就是同老师们一起"大餐一顿"。开开心心，说说笑笑，享受美食。

还有，就是要发点慰问金。三百两百不嫌少，一千两千也不为过。荀子有言，"国将兴，必贵师而重傅"，这兴国大事，咱要响应啊。甚至，我还想帮助老师们出版著作，选派老师出国"游学"，鼓励老师考研读博。还有，给无房的老师提供舒适的宿舍，让离家在外的老师感受大家庭的温暖与祥和……

以上这些想法，都是美好的，除了"大撮一顿"有违中央八项规定咱不能做以外，其他的，我们要么已落实，要么在落实的路上，虽然有的难度很大！那么，仅此而已吗？老师们不妨静下心来想一想，我们真的就是为利而来吗？蓝波湾人应该对此表示不屑！为名而往吗？其只会令我们嗤之以鼻，"与其无义而有名兮，宁穷处而守高"。那我们还要什么呢？陶行知老先生曾说："人生为一大事来，做一大事去。"我们就是要做这样"成大事"的人！这样的人必有着超越世俗的高远追求！

那么我想，在今天，老师们在接受孩子们热情的节日祝福时，也应让他们再次感受老师的爱！送给孩子一个慈爱的微笑，一个轻柔的爱抚，一个温暖的拥抱。

在今天，老师们在感受家长们的深深谢意时，也应告诉他们，你会成为孩子们在校的"保护神"，你对孩子们同样充满了爱。你会成为家长们忠诚的伙伴和得力的助手。

在今天，我们还应重温理想。我们不畏艰难，因为要让孩子们拥有"终生难忘、终身受益"的小学生活；我们不辞劳苦，因为我们要使孩子们"健康快乐生活，幸福茁壮成长，自主独立求知，自信和谐交往"；我们不屈不挠，因为我们要让自己"生活更有尊严，工作更有价值，事业更有成就"；我们矢志不渝，因为我们要成为"拥有教育梦想，充满教育情怀，坚定教育信仰"的团队，"传承、创新、追求卓越"是我们的历史使命，"成为属于自己的No.1"是蓝波湾人鲜明的精神特质！我们为此倍感光荣！

在今天，我为每位老师准备了一本书，是苏霍姆林斯基的《给教师的建议》。我想，这才是最为厚重的教师节礼物。我相信老师们会喜欢，尤其是年轻的教师们。我手里的这一本啊，陪伴了我十几年，我读了一遍又一遍，不断地从书中汲取力量，砥砺前行。老师们啊，与此相比，那些物质的渴望就会变得"风轻云淡"。而这本书则是无比贵重的，因为其承载的是我们的信仰——把一切的爱献给孩子。我多么希望这本书能成为我们爱不释手的宝贝，我多么盼望苏霍姆林斯基能成为我们的精神偶像，我多么渴望苏霍姆林斯基的高尚教育思想能成为我们坚定的信仰。

老师们、伙伴们，拥有信仰，人生便会大不同。为了共同的信仰，在这个教师节，让我们携起手，昂首——阔步——向前！

乘时乘势，锐意进取

—— 在2017年全区教育工作会议上的发言

尊敬的各位领导、老师们：

很荣幸能作为全区中小学校校长代表在今天的大会上发言，这是教体局对蓝波湾学校工作的肯定，是对我的信任与鼓励。

今年是鸡年，雄鸡司晨，我们区《关于推进教育改革和发展的实施意见》出台，犹如雄鸡报晓，振奋人心！让我们对全区的教育充满了希望，对自己学校的发展有了更加美好的憧憬。下面，我就如何落实"意见"谈几点想法。

一、珍惜机遇，乘时乘势

"人不为时，而能以事适时，事适时者其功大。"进入2017年，《国家中长期教育改革和发展规划纲要》的实施已跨入攻坚阶段，中国基础教育进入巩固普及成果、全面提高质量、促进均衡发展的新时期，"建设高素质专业化教师队伍，以信息化助推教育创新与学习革命，提升教育开放水平和国际影响力"成为教育发展的主旋律。区党工委、区文体教育局领导审时度势、高屋建瓴，根据国家及广东省教育发展"十三五"规划部署，还有中山市教育发展要求，结合西区发展实际，提出了"全面推进全区教育改革和发展，努力办成具有西区鲜明特色、中山较高水平的现代化教育"的战略目标。随着"实施意见"的颁布与实施，全区各中小学必将沐浴改革的春风，如雨后春笋，满目生机盎然，一派欣欣向荣。

古语有云："虽有智慧，不如乘势；虽有镃基，不如待时。"作为西区教育人、学校的管理者，必须"谋时而动，应势而为"。我们要敏锐地捕捉到发展契机，珍惜机遇，乘时乘势，搭乘这辆"和谐号"。"实施意见"中明确提出要"落实民办学校转型升级""促进民办教育特色优质发展""促进学校品牌建设""助力教师专业发展"，这些都将对蓝波湾的发展起到有力的保障及强大的助推作用，这无疑是蓝波湾的福音。蓝波湾遇到了难得的大好时机。作为蓝波湾的一分子，每个人都应当珍惜机遇，乘时乘势，"能审时度势者，鲜有败也"。时者难得而易失，机遇抓不住就会转瞬即逝，到时悔之晚矣！

二、拥有梦想，做好规划

"人患志之不立"，古今中外，但凡想要成就一番事业，首先要有高远的理想抱负，层次越高，成就越大。有研究指出，事业成功者与平庸者最大的区别就在于成功者都有志向、有梦想。

西区教育发展的大好形势下，机遇与挑战并存。学校管理者不仅要识大势，更要做实事。在新的开局之年，我们要胸怀大局、把握大势、着眼实事，找准学校工作的切入点，与时代发展脉搏相契合。如今，各校的当务之急，是要根据"实施意见"科学制定本校的五年发展规划。明确发展定位，笃定主要目标，梳理关键指标，规划实施战略，思考实用举措，提出凸显优势及弥补短板的切实办法。

蓝波湾学校在对学校近年来办学情况全面调研的基础上，结合"实施意见"的具体要求，将新时期学校的发展定位为"文化立校、内涵发展、彰显特色"；并提出"一个核心理念，两个发展目标，三个依托支点，四项重点工程、五张特色品牌，六个教育高地"的发展规划。核心理念是"为学生终身发展服务"；发展目标是"发展师生、铸就名校"；要依托"名校、高校、高层次研究团体"助力发展，实施"清风工程、卓越工程、暖心工程、幸福工程"四项重点工程；磨砺"校园文化、艺术、体育、国学、书法"特色品牌；打造"人才强教高地、学习型组织建设高地、传统文化教育高地、信息化校园高地、'全球胜任力'教育高地、心理健康教育高地"。

新形势下，蓝波湾师生将脚踏实地、积极进取，不断提升教师的专业素养，努力为众多学子提供一个健康和谐的学习环境，争取把学校建设成示范一方的名校！

三、虚心学习，与时俱进

"实施意见"指出，"学习型社会建设要取得新成效""要建立教师国内和境外培训制度，提高教师眼界开阔度"。随着互联网、云计算的不断发展，教学方式也在不断发生变革，我们必须紧跟时代步伐。

法国福楼拜致友人信中说"阅读是为了活着"。我在蓝波湾学校就曾提议，让大家晒晒书单，晒读后感或"好书推荐"，来个阅读比赛，对阅读量大，读后感和读书推荐篇数多的进行奖励。目的无他，我们就是要把读书变成蓝波湾教师的精神需求。

正所谓"夫学者贵能博闻也"，多接触各方面信息，多和青年人沟通，多了解新鲜事物，这些都是学习。学习不单单是脚踏实地读书，同样需要仰望星空！蓝波湾未来五年中，要确保每位教师每年都有外出培训的机会，五年内每位教师都至少有一次去港澳台学习交流的机会，还要争取让名优骨干教师到发达国家考察。蓝波湾学校要借助西区教育发展的大势，努力建设学习型组织，要力争成为西区乃至全市学习型教师团队的楷模。仰望而致思，居高以察远，洞幽以烛微。让我们通过学习点燃那指引我们冲出黑暗的火把！

四、锐意进取，勇于担当

律回岁晚冰霜冷，春寒料峭冻年少。改革的春天也必然面临诸多的困难和挫折。改革者既需要胆略和豪气，更需要实干和担当。蓝波湾学校有着一支锐意进取、敢于担当的管理团队，有勤奋踏实、业务精良的教师群体。"大事难事看担当。"在西区教育改革发展的大潮中，蓝波湾学校要勇立潮头，不找借口、不说二话，大事全力以赴、难事绝不退缩。"我求长鸡久未获，扫退残星与晓月。平生不曾轻言语，一叫千门万户开。"蓝波湾要成为西区教育大军中一支"招之即来、来之能战、战之必胜"的钢铁队伍。这支队伍里必然会涌现出一只又一只昂首挺立的雄鸡，一个又一个冲锋陷阵的战士！丹鸡被华彩，不惧露锋芒。

各位领导、各位老师，"上下同欲者胜，风雨同舟者兴"。划时代的一年开启，让我们珍惜当下、团结一心，为了西区教育美好的明天而努力奋斗。"鸡即鸣矣，朝即盈矣。"蓝波湾学校的全体教师愿和西区全体教育人携手并肩、充满豪情地续写西区教育发展史上的绚丽篇章！

上下同欲，众志成城

——谈学校管理的"八段锦"

培育学生良好素养是学校所有工作的出发点及落脚点，而成就教师、铸就名校是学生发展的必要保障。因此，把铸就名校作为学校管理的宏伟目标是正确的，更是必须的。

那么，铸就名校之路到底有多远呢？基于此目标的管理策略及时效又该怎样区分呢？我认为，管理视效用深浅可分为八段。

段一，除弊革新

"兴一利不如除一弊。"强管理、树新风、塑形象、扬正气，让"规矩"成自然，让勤能之人广受爱戴和尊敬，慵懒惰怠者敛行谨言并自省。此段时效不长，但可立竿见影。故施以"武火"为宜，一学期至一年后减为"微火"，再后视发展需要间歇性施以"急火"一阵。时不可久，火不可过旺，否则必焦。

段二，凝聚队伍

加强教师团体活动，促进了解，增进友谊，舒缓工作压力，形成和谐氛围。此时效至少一年，条件成熟"大火""猛火"未尝不可，小家日子，就时不时"文火"煲煮。

段三，文以化之

校园文化建设不是教育活动的最终目的，只是教育必需的情境，如同人生存的自然环境般重要，文化功夫下得足，则天晴气爽、水净风怡。校园文化不仅仅是"美化净化校园环境"，更重要的是制度文化管理文化的提升。此时效可长可短，视文化实力而异，一般三年不衰。当用"文火"，适时渗透，处处留心，环环相扣，节节递升。

段四，特色立校

用功夫下力气打造特色、涵养特色、宣扬特色，让特色受美誉，凭美誉铸品牌。此时效短则两三年，长则三五年。平时"中火"持续"淬炼"，用时"大火"猛攻一时，战后"微火"续之，但不可停顿。

段五，优酬优师

要让老师们"生活更有尊严，工作更有价值，事业更有成就"，就要实实在在地让教师们不感到囊中羞涩。名校一定要有相应的"名"待遇，不要苛求老师们先做优师再给予优酬，要先优酬再求优师。此方应"急火"快用，"文火"慢用。重在"心火"，要时刻用心，管理者要将此事放在心头。

段六，强师聚贤

培养教师当不遗余力，广聚人才不可丝毫马虎。要筑黄金台，要栽梧桐树，聚贤、索善、使能、固亲、谋合。青青子衿，悠悠我心。我有嘉宾，鼓瑟吹笙。得贤人众，则事无不成，业无不立，功无不建。理想状态是管理团队中既有二三专长者守四方，亦有一二综合能者可接班。教师队伍中每年级确保一二名优班主任，每学科一二带头人，则名校不虚。所以，培养后备力量是管理者的重任之一。此需"武火""文火"相交替，视对象之材而异。

段七，学为自觉

为学之道，莫先于穷理；穷理之要，必在于读书。学之不勤，其志未笃。教师若能够自觉读书学习，那么其必然是长于规划，善于求知，勇于反思，志坚而行果之人。若教师群体是一个学习型、研究型、反思型团队，则根本不用任何光环，这所学校就是名校！要引导教师爱读书、爱学习，任何强求都不会奏效，管理者必须身体力行率先垂范，不可急功近利。此为十年之功效。所以，必须"微火"时时煨之，不可减弱，不可猛攻。切记切记！

段八，上下同欲

真正形成共同愿景，化为理想信念深入人心，则众志成城，是立久长功业也。名校之魂其实就是校园人前仆后继为之奋斗的理想，共同的美好愿景，往往会浓缩为校风或校训（必须是真的校风校训，是融入校园人骨髓血液的养分，丝毫来不得虚假）。此为最难关，亦为最高段，效用最持久，甚或几十年长盛不衰。但亦需最用心，要在各个层面、各个领域下功夫，逐渐涵养，矢志不渝。此段值得"文火"持续，永不放弃。

八段并举，着力不一，火之为纪，时疾时徐。技艺修灵巧之功，火候得三昧之意。若八骏驰骋，无鞭奋蹄，卓而成魂，即使管理者更迭亦不能使之减缓变向。愚以为，当为管理之道。

晓战随金鼓，宵眠抱玉鞍。

愿持长缨舞，誓把苍龙缚！

第三章

心动，行动，爱蕴远方

要塑造既有广泛的文化修养又在某个特殊方面有专业知识的人才，他们的专业知识可以给他们进步、腾飞的基础，而他们所具有的广泛的文化，使他们有哲学般深邃，又有艺术般高雅。

——怀特海

3

不再仰视，心生向往

——蓝波湾学校艺术教育巡礼

　　中山市实验小学蓝波湾学校创建于2004年9月，是由中山市实验小学和华策置地有限公司合作创办的一所全日制民办小学。学校以"办精品学校，育时代英才"为宗旨，着眼于学生的终身发展，培养"兴趣强烈、情趣高雅、品德高尚、人格完善"的蓝波湾学子，让每一个孩子都拥有"健康、和谐、幸福"的童年。

一、倾情艺术教育，打造特色品牌

　　学校近年办学质量不断提升，先后获得了"中山市体育项目传统学校、中山市首批艺术教育特色学校、广东省绿色学校、广东省一级学校、全国书法艺术教育实验学校"等荣誉称号。多年来，我校始终坚持艺术教育"全面+特长"的培养模式，面向全体学生，促进学生全面发展，始终把课堂作为艺术教育的主渠道，让全体学生在音乐、美术、书法等课堂中都能受到艺术熏陶并掌握必要的知识技能，提升其审美素养和鉴赏能力。学校还创设每天半小时的"艺术大课间"，每周一、三为书法，每周二、四为班级合唱，每周五为语言艺术或国学吟诵，并开设了近20个艺术类社团。每学年都会举办全校性的合唱比赛、艺术节、师生书画展等大型活动，给孩子们充分的学习机会及足够的展示空间。如今，艺术教育已成为蓝波湾学校广受社会好评的响亮品牌，是蓝波湾人的骄傲！

二、班班都是合唱队，人人争当小演员

一所学校要打造一个校级合唱队不难，但我们更渴望每一个孩子都能有机会成为自信的合唱队员。为此，蓝波湾学校的音乐教师们在全校每个班都成立了合唱队，每个学生都成为合唱队员，无一掉队。老师们更是满怀信心地提出"以校合唱队的标准去打造班合唱队"。班级合唱队的训练十年来风雨无阻，每年的汇报演出都会惊艳亮相！今年的合唱比赛汇报中，35个班，35首歌，35个合唱队，35个积极向上、追求卓越的班集体，交出1 400张令自己、令老师、令家长们都满意的音乐课考卷！让参与活动的家长、老师及专家、领导们赞叹不已！小合唱队员们个个声乐基础扎实、艺术表现力强、表演自信大方。每一个班级合唱队都具备成为校合唱队的基本素养，孩子们的表现无可挑剔、堪称完美！

三、传承中华文化，夯实书法基础

书法教育是蓝波湾学校长期坚持并卓有成效的特色项目。学校积极创造条件，按国家要求每周开设书法课，以中国书法家协会会员、中山市书协副主席李武耀老师为核心的书法教师团队不断更新教育理念，从传承传统文化切入，于经典中学书法，提高学生的艺术鉴赏能力和书写技巧，引领学生感知书法艺术之美。除了普及课，还成立了书法社团。学校多次承办区、市书法展，广邀书画名家与蓝波湾学校小书法爱好者们共聚一堂，现场挥毫泼墨，将学校书法教育推向新的高潮。近年来学校总结书法教育成果，多次编印书画作品集，并在中山美术馆举办书法作品展，引发了社会各界的广泛关注。如今，蓝波湾学校已形成"翰墨飘香、书意浓浓"的良好氛围，让中华优秀传统文化滋养每一位师生。

四、开设七彩社团，营建幸福乐园

蓝波湾学校现有社团活动丰富多彩，国画、水彩、版画、素描、手工、

儿童画、书法等，书画社团的孩子们用手中之笔放飞梦想；芭蕾舞和民族舞社团的孩子们用肢体语言表达自己的内心情感，成为小朋友们羡慕的"角儿"；声乐社团、合唱社团的小朋友既学会了科学的演唱技法，又学会了与人合作；小组唱社团的同学们艺术范儿十足的表演让人钦佩；器乐社团更是别具一格，采取校内外相结合的方式，开设"电吉他、爵士鼓、电子琴、非洲鼓"四门乐器的学习课程；戏剧社团自编自演，提升了学生的综合艺术能力。

学校开设社团活动旨在尽一切可能助力儿童发现自己"多样化发展的潜能"，让孩子们公平地拥有艺术提升的机会。通过小组式多样化的培训，提升孩子们感知美、欣赏美、发现美的意识和能力，培养学生积极向上的审美取向，艺术地表达喜怒哀乐，创意地表现生活美感，个性地彰显对艺术的理解，自信地追求对艺术的崇尚，让每个孩子都能有自己独特的"美"的拓展与升华，让更多的孩子能够"艺术"地面对未来的生活，让孩子们能够健康快乐地生活，幸福茁壮地成长，自主独立地求知，自信和谐地交往。

五、艺术百花争艳，育人硕果累累

办校十二年来，蓝波湾学校艺术教育工作硕果累累。师生在市级、省级、国家级美术、书法、器乐、合唱等比赛中屡屡获奖。所获奖项有：中山市流动人口少儿合唱大赛金奖、全国小金钟舞蹈大赛铜奖、全国校园歌曲大赛银奖、国家级小金钟声乐大赛总决赛金奖、全国少儿合唱比赛金奖，多人获得全国书法大赛一等奖……

"发展师生、关注成长、着眼未来，让师生都能成为属于自己的No.1"是蓝波湾学校新时期的教育理想和奋斗目标。如今，蓝波湾学校教师团队是一支"拥有教育梦想，充满教育情怀，坚定教育信仰"的队伍，他们是追求"生活更有尊严，工作更有价值，事业更有成就"的优秀集体。他们要成为陶行知老先生所言之"做大事"的人！他们共同的特征是都拥有一颗全心全意办教育和一切为了孩子的"真心"！为了孩子们能拥有"终生难忘、终身受益"的小学学习生活，他们不懈地努力着，幸福地行动着！为了孩子们美好的未来，他们把对孩子们最深沉的爱蕴藏在心里，向着远方，坚定前行！

智趣科技，开创未来

——蓝波湾学校科技教育巡礼

为了增强学生的创新意识、学习能力和实践能力，进一步提升青少年的科学素养，推动学校科技教育深入开展，中山市实验小学蓝波湾学校立足实际，坚持走智趣科技教育之路，全面推进素质教育，着力培养学生乐于探究的品质，努力营造良好的科技教育氛围，让校园成为孩子们自由探究、追逐梦想的科技教育殿堂。

一、立足课堂，夯实基础

学校建校以来一直非常重视科技教育，克服困难，保障师资，坚持科学课专课专用。教学管理过程中，注重引导科学教师端正教育理念，明确学科核心价值，规范教学行为。通过构建智趣交融的科学课堂，让每个学生都能真正动手、动脑，大胆探索研究，做到立足课堂、夯实基础。

二、拓宽渠道，重在普及

每年5月举行的科技节已成为学校科技教育传统活动，从创校至今已开展了十三届。每届科技节活动都精彩纷呈，像主题创造发明、鸡蛋撞地球、小小建设师、扑克牌搭高、乒乓球叠高、铁线穿气球、纸桥承重比赛、航模比赛、水火箭比赛和橡皮动力车比赛等活动都深得师生喜爱。科技节上还开设了各类科普知识讲座，如气象科普知识讲座、垃圾分类知识讲座、发明创造知识讲座、港珠澳大桥桥梁建筑讲座等。科技节已成为校园里一年一度精彩绝伦的科技盛宴。

三、依托校外，拓展延伸

培养学生的实践能力是科技教育的重要组成部分，而在校外科技实践基地开展的教育活动具有实践性强、注重个性、形式多样等特点。根据学校的实际情况，蓝波湾学校选择了一批适合学生开展科技活动的实践基地，并带领学生带着探究问题走出校门深入基地。孩子们到过污水处理厂、养殖场、气象局、广东科技中心、广州航天中心、东莞科技馆等几十个"实践"场所。他们用"小"眼观察万千世界，用"童心"关注科技生活，用"智慧"探索科学奥秘。实践中，孩子们一边记录交流，一边合作汇报，提出了一个又一个充满创意的解决方案，形成了一篇又一篇像模像样的科技论文、作品，俨然就是一个个未来的"科学家"。

四、彰显特色，硕果累累

经过近十年的探索和实践，蓝波湾学校已经逐步形成了"优质+特色"的科技教育模式，在扎实开展科技基础教育的同时，确立了"航模、机器人、电脑绘画"三个特色项目，并为此开辟专门场室，提供雄厚的师资力量，借助社团活动对学生进行专项训练，现已经基本形成了比较系统的训练模式。

一路风雨，数载耕耘。蓝波湾学校科技教育成效凸显、硕果累累。学生在各级各类科技教育比赛中获奖项目、数量及等次逐年大幅攀升。2017年，在全市航模项目比赛中就斩获了多个一等奖项，学校也获得优秀组织单位称号。电脑绘画项目几乎每年都在全市比赛中名列榜首，并多次代表中山市参加全省、全国比赛，屡获大奖为中山争光，学校多次获全国优秀组织单位称号。

学生的成长得益于教师的辛勤培育。蓝波湾学校科技教师团队也是一支

"威武之师"。他们在近两届的小学科学课堂教学比赛中均获得区第一名，并代表全区参赛获得市一等奖。在今年的省科技创新大赛上，蓝波湾的教师斩获两个一等奖！科技教育的有效开展促进了学生综合素质的提升，学校近年来连续获得西区综合素质教育评估第一名，并先后获得了中山市科普教育示范学校、广东省学研训一体化实验基地、广东省综合实践活动样本学校等荣誉称号。

在大力推进素质教育的今天，科技教育活动已经在原有的模式上有了全新的诠释，在实施素质教育和人生启蒙教育的过程中，蓝波湾学校见证了科技教育在培养学生综合素养方面的独特魅力。今后，蓝波湾学校全体师生将牢记"发展师生、关注成长、着眼未来，让师生都能成为属于自己的No.1"的光荣使命和不懈追求，戮力一心，拥抱明天，开创未来，打造智趣科技教育的新高地。

拼搏不止，未来可期

——在第十二届拓展运动会上的校长发言

老师们、同学们：

早上好！中山市实验小学蓝波湾学校第十三届拓展运动会在同学们的热盼中将于今明两天举行。我相信，对每名同学来讲这都是一件令人开心的事。同学们，你们能够开心快乐，老师们就会感到无比幸福。蓝波湾学校的每一位老师都希望同学们能够健康快乐地生活，幸福茁壮地成长，自主独立地求知，自信和谐地交往。

在校运会开幕之际，老师祝愿同学们能够度过一个拼搏进取、充满笑声、安全顺利的运动盛会。同时，我要代表学校领导及本次运动会组委会，向运动会的如期举行表示祝贺！向筹备这次盛会的全体工作人员表示感谢！向参加运动会的全体运动员、裁判员表示诚挚的问候！

蓝波湾学校办学十二年以来，秉持"办精品学校，育时代英才"的理念，不断提高教育教学水平，赢得了社会广泛的认同，特别是体育工作取得了卓越的成绩。学校在完成《体育课程标准》规定的学习内容，达到教学质量要求的基础上，积极开发羽毛球、足球、游泳、棋类等校本体育课程。在上个学期举行的区"三棋"比赛中，我校取得团体总分第二名的好成绩；在今年10月份举行的西区第三届小学生游泳比赛中，我校获得团体总分冠军，这也是我们学校连续三年在这个项目取得冠军；在前两周举行的全市羽毛球比赛中，我校代表队也取得了不错的成绩；本周正在进行的西区第三届小学生足球联赛，我校均以大比分的结果战胜对手，取得三连胜，提前一轮进入半决赛，"冠军"指日可待。今后，我们将为同学们创设更广阔的舞台，争取更辉煌的成绩。

在两天紧张的比赛中，希望全体参赛人员都能以饱满的热情、昂扬的斗志、勇于拼搏的精神投身到各项竞赛活动中。每一名同学都要力争"成为属于自己的No.1"！裁判员要严守竞赛规则，公平、公开、公正裁决。各位运动员要遵守纪律，服从裁判，要发扬吃苦耐劳、顽强拼搏、重在参与的精神，做到"胜不骄，败不馁"，友谊第一、比赛第二。在运动场上比思想、比作风、比纪律、比技术，赛出风格、赛出友谊、赛出团结、赛出成绩，充分展现出我们蓝波湾学校学子的精神风貌。

同学们，尽情在运动场上展现你们闪亮的英姿吧，弘扬奥运精神，团结拼搏，争创佳绩，争取竞赛成绩和精神文明的双丰收，在学校体育发展的扉页上写好你们辉煌的篇章。老师们、同学们、运动员和裁判员们，让我们共同努力，把本届运动会办成一个安全、文明、团结、奋进的大会。

最后，衷心预祝本届运动会取得圆满成功！

追求卓越，尽享舞台

——在一次艺术节上的致辞

亲爱的同学们：

早上好。

今天我们的校园里还来了好多家长，同学们挥挥手，向他们表示欢迎。还有西区文体教育局、教育事务指导中心的领导、老师也来为我们加油助威，真难得，让我们用热烈的掌声表示感谢！

同学们，你们很期待这一天吧，我也非常期待。此刻，我还有点小激动，为什么呢？因为我终于可以向大家正式地自我介绍了。这些天，我经常遇到一些小尴尬。有的同学见到我，是这么打招呼的："客人好"，我忙不迭地回应"你好"；有的这样和我打招呼："领导好"，虽然我不喜欢这个称谓，不过也赶紧回应"你好"；有的同学见我就说"叔叔好"，我会一愣；也有低年级的小朋友说"爷爷好"，令我大吃一惊；今天我要郑重地介绍，我姓郑，左边是"关"，表示我非常关心大家，右边是耳刀旁，表示我愿意倾听大家的心声，合起来就是"郑"，同学们可以称呼我郑老师或郑校长。其实，从我来到蓝波湾的第一天起，我就成为你们中的一员了，我渴望成为你们的朋友，成为你们很要好的大个子、胖身材的好朋友。你们想不想成为我的朋友啊？愿我们能够建立起真挚深厚的友谊！

今天啊，是我们蓝波湾学校第九届校园文化艺术节总结汇报演出。我知道，同学们为了这场演出很早就开始准备了。我校艺术科组教师还有班主任们都为此付出了大量的劳动，在此表示感谢。我也悄悄地了解了一下，这个艺术节，初赛、决赛、展演三个阶段，共有声乐、语言、舞蹈、器乐四大类，三百多个节目，参与人数达五百多。这阵势可是不小啊！而且我听说，许多节目都是原创。了不起！蓝波湾的学生就是不一般，蓝波湾的学生个个要争当No.1。

同学们，郑老师好羡慕你们啊！你们有那么多出色的、优秀的老师，我们的艺术总监是音乐特级教师。你们可以参加各种各样的特长班，可以学各式各样的乐器，什么萨克斯、黑管等，还可以参加电声乐队，想学什么就学什么！郑老师小时候可没这么好运，你们的爸爸妈妈爷爷奶奶他们也不如你们。正是因为我们没有这样的好运，所以我们才会想尽一切办法让你们拥有这样的好运，蓝波湾学校全体老师的共同愿望就是让同学们"健康快乐地生活，幸福茁壮地成长，自主独立地求知，自信和谐地交往"。我们每位老师的教育理想就是让同学们拥有"终身受益、终生难忘"的小学学习生活。

同学们，你们是蓝波湾的学子，"追求卓越"就应该成为你们鲜明的印记！今天，舞台就在这里，你们在这里欢歌笑语，展示才艺；明天，你们的舞台会无限大，你们将在广阔的天地里自由翱翔、施展才华！到那时，蓝波湾将为你自豪！

最后，预祝本届艺术节圆满成功！

谢谢！

奖杯之外的故事

——一次活动后座谈会上的发言

刚刚我们看了一组"好看"的数据,这是参赛数据。学校除了每年组织学生备赛参赛,还要在二年级下学期和三年级上学期整整一年里普及游泳课。授课教师是由专业游泳教练与学校体育教师(游泳专长)共同担当。也就是说,蓝波湾的每一名学生在校期间都会接受系统严谨且科学长期的游泳训练,这是每一个孩子应有的权利,这也是蓝波湾的体育特色之一。除了游泳,蓝波湾的学生还会在羽毛球、足球等项目上接受良好的教育。

"核心素养"理念的落实,是为了让孩子们能够更加和谐地"自主发展",拥有健康的生活,掌握适合自身的运动方法和技能,养成健康文明的行为习惯和生活方式。

"健康快乐地生活,幸福苗壮地成长,自主独立地求知,自信和谐地交往",蓝波湾的老师们为使孩子们能拥有"终生难忘、终身受益"的小学学习生活而不懈努力着。争做自己领域里的"No.1",不断地"追求卓越"是蓝波湾学子们响亮的"呐喊"!

蓝波湾的"九儿"是最美

——一次区艺术节活动后座谈交流发言

　　这一次的区美育节完美收官，影响力巨大！今天颁布比赛成绩，教师组比赛中蓝波湾的合唱曲目《九儿》没有获得一等奖，但我要为这没有获大奖的参赛队伍点赞，大赞！这支"九儿"不是艺术科组的九儿，也不是精挑细选的组合。她们是语文、数学、英语、美术、音乐多个科组的"混搭"，是兼职的合唱表演者。这支"九儿"是纯粹的自力更生，没有请过一次专家指导。最关键的是，这支"九儿"完全是自愿组队，仅凭兴趣，全凭兴趣，有比赛上场，没有比赛就自娱自乐，因为合唱让自己快乐！但听现场"专家"讲，这支"九儿"把如此高难度的曲目唱出了专业水准！难道不该赞吗？

敢向全国叫板

——赞蓝波湾的班级合唱团

可能每所学校都有自己的合唱队，但能做到班班都有合唱队的多吗？能做到每个人都是合唱队队员的多吗？能做到每个合唱队都能分声部合唱、师生伴奏甚至无乐器伴奏的多吗？能做到每一支合唱队演唱都"音域宽广，音色丰富，力度适当，层次分明，情感饱满"的多吗？肯定不多，但蓝波湾学校做到了。

蓝波湾人坚定"合唱美育"之路，十四年风雨无阻，初心不改！班班都是合唱队，人人都是小演员。今年的班级合唱比赛在激情四射的红五月里，在三节齐发的校园中如火如荼地进行。演唱中，每一个孩子的小脸都布满阳光、写满自信，每一个集体都能将扎实的音乐素养、完美的艺术表现能力，尽情展现，一览无余。当一个年级几百人一起合唱时，毫无杂音，优美和谐，荡涤心灵……我，竟然不知怎样表达心情，只有满满的感动，内心充盈着幸福！

合唱是任何教育形式都不可替代的最好的美育途径。学生们完美的表现源自每一位班主任的全力配合与支持，源自音乐科组全体教师踏踏实实对每一节音乐课的耕耘，源自每一位艺术教师不辞辛劳的辅导与培训，源自我们的"领头羊"——音乐特级教师王玉梅的满腔热情和十余年的挥洒汗水！

我们的合唱，美育的追求，不设"线"，我们敢向全国同行"叫板"，我们相信这一理念！希望多多与全国教育人交流，让我们的信念彰显，让我们的信心满满，让我们的脚步更加雄壮和豪迈，让我们的心声被更多人听见，让我们的歌声传遍四方！

烈风擎旗志弥坚

——赞蓝波湾学校体育科组

蓝波湾学校体育科组是蓝波湾的一面旗帜！

这是一面迎着烈风向着朝阳高高举起的旗帜，这是蓝波湾长征路上雄壮队伍最前面的引导旗帜。这面大旗是蓝波湾教师队伍不屈不挠的精神象征，是蓝波湾卓越不凡的优秀教师团队的缩影。

能够稳稳擎起这面大旗，能够让这面大旗永远屹立不倒，是体育科组全体的责任与担当！蓝波湾的体育科组共8位教师（其中一位长期借调市实验小学），这8位老师个个都是强者，无一甘于人后，他们最突出的共性就是有责任、有担当。正是他们的担当，才让体育科组成为蓝波湾的旗帜，也正是因为他们的担当，才让这面旗帜拥有了最为稳固的基石。这些担当不一而足，现略述二三：

一、专业担当

长期任教蓝波湾的教师有7人，他们多次获得区教学比赛一等奖，其中5人获得过市赛课一等奖，1人获得省教学比赛二等奖，1人获得省教师基本功大赛一等奖。近日，又有一位帅哥将代表中山市参加省赛，目标是省一等奖！教师中能获得市一等奖、省一等奖的体育科组应该很多，但能有如此高比例获得市一等奖、省一等奖的科组多吗？不会多。蓝波湾，自豪！

二、敬业担当

科组教师各有专长，田径、足球、篮球、游泳、羽毛球、健美操等。无论自己的专长是什么，都一样的敬业，常规课没有丝毫懈怠，无论严寒酷暑从不放松！学生特长培养更是你追我赶，各特色项目在区市的比赛中都是佼佼者，取得的成绩是"一路高歌"，如游泳比赛区四连冠，足球卫冕两连冠，羽毛球因建队晚经常是低年级选手参与高年段比赛，那也是市团体第三！学校被评为羽毛球、游泳等特色学校，近日又被推荐参与全国足球特色学校评比，我们静候佳音！蓝波湾，自豪！

三、奉献担当

体育科组帅哥靓女们是最为踏实的群体，无论什么艰难的任务，从不退缩，从不叫苦，从不将就，一定做到最好，一定追求卓越，一定要努力成为属于自己的No.1！他们的奉献精神可贵就可贵在他们从没觉得是"奉献"！如此团队，体育界多吗？不仅是体育科组，其他的任何科组中，这样的团队多吗？不会多。蓝波湾，自豪！

四、青春担当

体育科组教师平均年龄30多一点，正值青春，正是芳华。他们也有三高，身高高、颜值高、水平高。这样的团队却有着如此稳定而又优越的团队精神，实属难得。这样青春洋溢的团队时刻散发着正能量，这样青春的团队未来无可限量。蓝波湾，自豪！

蓝波湾的这面大旗一定会一直迎风飘扬！

默默地使自己强大起来

——赞蓝波湾美术科组教师们

在全区美育节师生书画作品比赛（外请专家评、作品匿名）中，蓝波湾学校硕果累累。教师组全区一等奖共4人，蓝波湾有3位折桂；学生书法组一等奖全区共8人，蓝波湾占其中5席；绘画组一等奖共10人，蓝波湾有5人。其他等次奖项便不再赘述啦！

以前很少在朋友圈发一些关于蓝波湾学校美术老师们的信息，不是他们不够"亮眼"，而是因为他们一贯"默默无闻"（就连本条朋友圈的照片都是向他们要了三四次才肯露脸）。无论是校里、区里、市里的任务，无论多么繁重紧急，无论困难有多么大，他们始终任劳任怨，默默地承接任务，默默地用心完成，默默地做出成绩，又默默地收藏好各种荣誉。他们都很年轻，有李洁、叙鸿、宝乐、春萍、晓晶，这支队伍里也有未参加比赛的"师傅"——高手老李（因为他已是成名的书法家啦），他们都能够循序渐进、厚积薄发，他们不在意乌云翻滚，不惧怕雨打风吹，只求心静如水，执着安贫乐道。岁月流金，蓦然回首，他们已然化茧成蝶，他们已默默地使自己强大，他们已拥有足够的力量展翅翱翔……不变的，是他们的"初心"，充满情怀，坚定信念，拥有梦想；不变的，是他们的坚守，一如既往地敬业谨信；不变的，还有他们的追求，要让生活更有尊严，工作更有价值，事业更有成就。这其实也是每个蓝波湾人的操守。

蓝波湾，因为有这样的一支教师队伍，未来，一定会一路阳光！

心向远方

——蓝波湾学校器乐课开班有感

蓝波湾学校器乐特色课开班了！很多朋友、同行们得知消息后纷纷发信息表示祝贺，并断言下次区市器乐比赛蓝波湾一定能获得更多奖项。感谢朋友们的祝福与鼓励。但是，我忍不住要说，孩子们到底能学会几样乐器，水平会有多高，比赛能拿多少奖，这真不是我们的目标，更非我们的初衷。无论是教师、学生还是家长们，如果有这样"求功名"的想法，我们是不赞同的！那么，我们缘何要克服重重困难开设这样的课呢？甚至还准备让每一个孩子都能拥有多种器乐学习的经历？且听我袒露心扉。

第一，我们并非追求"大而全"的"全面发展"，而是要尽一切可能助力儿童发现自己"多样化发展的潜能"。为此，我们要提供好平台，创设好环境，让孩子们公平地拥有认识多种器乐、接触多种器乐的机会，尽可能地为他们寻找优秀的专业教师来教，积极地鼓励他们去尝试，引导他们同伴之间相互关爱，促进他们共同学习。

第二，我们不是为了培养音乐方面的"尖子"生，更不是要培养音乐家，而是为了让更多的孩子能够"艺术"地面对未来的生活！我们力求通过这样小组化、多样化的培训，提升孩子们感知、欣赏、发现美的意识和能力，培养孩子们积极向上的审美取向，让每个孩子都能有独特且自我的

"美"的拓展与升华！

第三，让孩子们能够健康快乐地生活，幸福茁壮地成长，自主独立地求知，自信和谐地交往，才是蓝波湾人的共同目标！

蓝波湾学校有这样一群人，他们是"拥有教育梦想，充满教育情怀，坚定教育信仰"的教师团队，是追求"生活更有尊严，工作更有价值，事业更有成就"的群体，他们就是要做陶行知老先生所言之"大事"的人！

第四章

智趣交融的课堂

我们到底要和儿童共营怎样的课堂？归根结底，是要为儿童提供自由的、幸福的、充满情趣的平台。学习不是教育的结果，而是一种"自然得如同呼吸"一样持续而普遍的人类活动。释放天性，解放心灵。我们要让学生在情趣盎然的氛围中学习，继而培养学生的创造力，启迪学生的智慧，营造"智趣的课堂"。这种课堂要"以智启智、以趣激趣、智趣交融"。解放心灵的课堂是秉持"智趣"者的理想。当课堂在不断地"生长情趣、唤醒智慧、感悟真美、追求至善"之时，当"趣、智、美、善"和谐相融之际，心灵的绽放就会自然地、不费力地、完美地到来。这是"智趣"人的追求和信仰！

"有用"和"有趣"之辨

——数学"智趣"教学观剖析

为什么有的教学非常成功，有的则低效或失败呢？是什么使不同的人对同一节课采取明显不同的教法？教师对教学认识及行为追求的赞同、疑惑、反对、漠视甚至排斥，背后的根源是什么？是什么决定了"教学行为"的发生？从心理学的角度来看，主体的行为由意识驱动，而行为的性质则由观念决定。也就是说，"行为"取决于个体的"观念"。西方哲学观点认为，"观念"一词来自希腊文，是个重要的哲学术语，原意是"看得见的形象"（idea），或"永恒不变的真实存在"。《辞海》中对此有两种解释：①是看法、思想。思维活动的结果。②指表象或客观事物在人脑里留下的概括的形象。[1]百度"百科名片"中对"观念"有如下解析："观念是人们在实践中形成的各种认识的集合体。人们会根据自身形成的观念进行各种活动。"由此可见，一切的教学行为就应当是教学观念的反映。数学教学观念就是"教师在长期教学实践中形成的对数学教学的综合认识"，是"基本的教育理念、数学课程认识、教材的认识、儿童数学学习心理的认识、教法学法的认识"等各种关于数学教学认识的集合体。

一、要"有用"，还是要"有趣"

当前小学数学教学有哪些教学观念？至今并没有"一锤定音"的"绝对

准确"的分类或界定。在众多的"观念"或"流派"中，主要有两种思潮在"碰撞"。一种是"有用"论，一种是"有趣"论。

（一）两种声音

1."有用"论者

"有用"论者认为，数学教学要讲求"数学的功用"，讲求数学的"价值"，重视数学的逻辑和结构，强调数学的科学性和严谨性，强调数学自身的"美"和"魅力"。也就是少了"数学味"，在对"有趣"论的课堂进行批判时，"数学味"是常用不衰的武器。"有用"论者因特别重视数学本身的结构体系及思想方法，往往教学容量很大，教材挖掘很深，学生训练扎实，学生知识能力的发展效果明显。但不可否认的是，大部分的学生并没有因此喜欢数学，而是感到学习数学很"烦"很"累"。

2."有趣"论者

"有趣"论者则认为，数学教学更要"有趣"。基于对旧有传统的反思，在求解现实教学瓶颈（如学生们正在讨厌学数学）的过程中，形成"有趣"观。因为他们反对"枯燥的数学"。"有趣"强调要面对学生数学学习真实的认知起点，展现学生真实的学习过程。"有趣"论者着意于课堂教学的趣味化、课堂形式多样性，易受到学生欢迎。学生不把数学学习当作负担，很喜欢数学。但是，"有趣"论者的课堂因其偏重于形式和趣味，使得课堂数学容量相对少了，而且教学缺乏严谨性，学生思维发展也缺乏系统性，学生对知识能力的掌握相对较弱。因此，一度受到"保守主义"者的怀疑和诟病。

鉴于上面分析，我们不难发现，长期以来困扰我们数学教育的关键就在于"数学味"与"情趣化"的冲突，是"有用"和"有趣"的碰撞。那么，我们到底是要"有用"，还是要"有趣"呢？或者说，哪一样更应受到我们的重视呢？

（二）寻找答案

我们试着在当前主要的教育理论、教学观念或指导性的《义务教育数学课程标准》（以下简称《标准》）中，寻找滋生这两种声音的土壤，为的是寻找上面问题的答案。

1.《标准（2011年版）》

《标准（2011年版）》提出要"人人都能获得良好的数学教育""不同的人在数学上得到不同的发展"。这是义务教育阶段数学课程的两个基本理念或课程设置理念。教师在教学中就要思考"怎样达成这两个基本理念"，怎样达成数学教育基本的"作用"。《标准》中进一步指出，数学要"使学生掌握必备的基础知识和基本技能，培养学生的抽象思维能力和推理能力，培养学生的创新意识和实践能力，促进学生在情感、态度与价值观等方面的发展"，这体现了数学课程的多维价值。[2]多维价值是指：数学课程的知识价值、思维价值、文化价值、德育价值。同时，《标准》在前言中明确陈述道："作为促进学生全面发展教育的重要组成部分，数学教育既要使学生掌握现代生活和学习中所需要的数学知识技能，更要发挥数学在培养人的理性思维和创新能力方面的不可替代的作用"。[3]这些都毫无疑问地指出数学强大的"功用"。

那么，《标准》中有没有对"有趣"提出什么"标准"呢？有学者认为，《标准》继承了实验稿的说法，它继续提出："学生的数学学习活动应是一个生动活泼的、主动的和富有个性的过程。"也就是说，新的数学课程将不再首先强调是否向学生提供系统的数学知识，而更为关注是否向学生提供具有现实背景的数学和有利于他们学习与成长的数学。[4]素质教育要求切实减轻了学生的负担，让学生学得轻松、学得主动，而喜欢做的事常乐此不疲，所以，素质教育落实的关键就在于培养学生的学习兴趣。而教师应在教学活动中想方设法激发学生数学学习的兴趣，充分调动学生学习的积极性，引发学生的数学思考，使学生始终处于积极的思维活动之中，理解数学、享受数学、获得数学。[5]通过上述观点，我们可以看出，仅仅"有用"是不够的，缺少了"有趣"还能好"用"吗？

2.《教育开智：认知工具如何形塑我们的理解力》

在《教育开智：认知工具如何形塑我们的理解力》一书中，基兰·伊根提出：所有的教育理论都根植于三种理念，即"我们要么用成人世界的习俗和规范去塑造年轻人，要么向年轻人传授那些有助于培养求真意识的方法，要么鼓励学生以最大可能挖掘他们的潜能"。与此相对应的，美国的加里·D.芬斯特马赫、乔纳斯·F.索尔蒂斯，将教学的方法（说成教学观念可能更贴切）分为三种。第一种是把教师看成一位执行经理，教师的职责在于通过使用最好的方法、手段帮助学生取得一定的学习效果。第二种方法叫作促进教学法。教师注重在教学中投入感情，他们坚信，教学是培养学生个性的过程，教师要帮助他们自我理解和自我实现。第三种方法称作自由教学法。这种教学法认为，教师是一位解放者，能打开学生心灵之门，让其思想获得自由。[6]

3.《关于几种数学教育观念的综述与分析》

北京师范大学数学教育教研室朱文芳主任在《关于几种数学教育观念的综述与分析》一文中，对数学教育观念进行了详尽而深入的分析。作者认为"对数学教育具有决定性影响的几种观念"，分别为：严格训导的数学教育观、技术实用主义的数学教育观、旧人文主义的数学教育观、进步数学教育观、大众数学教育观。（以下阐述融入了个人的理解，若引用请查阅朱文芳教授原文）其中，"严格训导的数学教育观"强调的是经验习得及强化训练，它要求学生自律刻苦，教师"以严治学"见长。这种教育观念的"持有者"在二十世纪中国教育队伍中大有人在，即使在今天也应该不为鲜见。"技术实用主义的教育观"突出"数学具有解决实际问题的需要"，重视"学生活动经验和以问题为导向的应用数学"，强调"技能教学""学习有用的数学"。"旧人文主义的数学教育观"认为"数学是文化的核心，是培养人智力的最好学科"，把"数学推理、理性和逻辑"视为人认识的核心，强调"数学文化的价值高于数学应用的价值，要求学生理解并欣赏纯数学的美及美学价值"。这是一种建立在数学内在结构和数学价值为中心基础上的"数学中心观"。"进步数学教育观"认为"儿童时代是生活的美丽部分"。儿童有权利自然愉快地生活，他们是"纯真的人"，就像"生长的花朵"一样应免遭摧残。学校要成为"儿童想来上学的愉快场所"，应精心创造适宜的环境，让"每个儿童以自己的方式、速度、时间，自由地、自然地发展"，创造性地释放其能力。数学不过是儿童全面发展的载体而已。"大众数学教育观"更关注数学的政治和社会作用，认为数学应为"大众的数学"，强调"教育公平"及"以社会为中心"。这五种数学教育观念很清晰也很全面。而且，它很准确地反映了我国数学教育观念的"延续"与"变迁"。但是，不可否认，这五种观点不是截然对立的，很多老师都是多种观念的综合，只是每种观念所占的"分量"不同而已，很难想象谁是某一种观念的"坚定追随者"。但有一点是肯定的，"严格训导、技术实用主义、旧人文主义、大众数学教育观"在不同程度上都强调了"有用"，数学是"有用"的，要教"有用"的数学。而"进步数学教育观"则更强调"有趣"，要求"儿童的兴趣和需要"至上。

（三）得到的启示

无论是对《标准》的学习，还是对文化差异甚远的中美两国的比较分析，有一点再清楚不过，那就是任何人也不可能再忽视数学"有用"了。数学教育一定要"有用"，要强调"数学味"。这一点，中国应该领先于世界。但也绝不能没有"趣"，甚至要"趣"字当先。其理由有三：

1. "有趣"的数学能让"有用"的教学更优

中国学校教育的数理化难度远超欧美国家，由此才保证了中国港台地区的TIMSS成绩优异……值得深思的是，这些荣誉及TIMSS国际排名仍无法化解"钱学森"之问。

2. "有趣"的教学是素质教育的体现

减负的根本措施，还在于提升学生的学习兴趣。学生只有真正减负了，素质教育才能实现。

3. 追求"有趣"也是对儿童的根本尊重

有学者认为，在教学过程中，中国教师和美国教师的关注点不一样，前者注重教学进度的完成，后者注重学生对教学内容的思考与掌握；前者重视挖掘教学的容量、深度和广度，后者则注重激发学生的学习兴趣……美式教育对"人"的重视的点滴，弥足珍贵！[9]诚然，强调"有趣"，并不是说数学就"没用"了，数学的"用处"反而更会得到增强。就像咖啡加糖一样，咖啡是有很多功效的，加一点糖，更容易让人接受并喜欢，有何不可？所以说"趣"本无可厚非，不会激趣才是最大的"问题"，因不会激趣而"讳疾忌医""厌屋及乌"的，大有人在。

二、既要"有用"，更要"有趣"

"有用"和"有趣"确实很难取舍。在教学中我们既要"有用"，更要"有趣"。怎样才能做到呢？这正是我带领我校一些青年骨干教师所进行的课题研究的主要内容。一段时间下来，我们才刚刚理清头绪。提出了"智趣"教学观，并强调"以智启智、以趣激趣、智趣交融"。

（一）"智趣观"是"智"与"趣"的和谐交融

"有用"和"有趣"不应对立，应相辅相成。怎能"关公战秦琼"？"有用"和"无用"才是真正的对立统一体，"有趣"和"无趣"亦然。"有趣"和"有用"非但不存在矛盾，而且还可以互相促进，相辅相成，和谐共生。说数学"有用"，没有人会怀疑。不管对它的"用"了解多少，都不会否定，但这个"用"对儿童来讲会产生多大程度的认可或激励，这就是"趣"所能左右的了。数学教学的使命不仅在于让学生学到了多少知识，懂得了多少公式，具备了多少能力，更重要的是知识和技能背后的东西，那就是孩子的好奇心、想象力、理解力、创造力。这就要求课堂应该是知识与趣味相结合，为学生提供充满活力的学习氛围。当然，对"趣"的追求自古有之。孔子就主张"乐学"，认为"知之者不如好之者；好之者不如乐之者"。没有"趣"就没有"动机"，就不能自主自愿地学习。"智趣观"就是强调在"有趣"的前提下，让"有用"和"有趣"和谐交融。

（二）"智趣观"是提升综合学力的有力保障

日本的田中博之教授提出了"综合学力"这个概念。其一，学科学力，包括关心、积极性、态度；思考、判断；技能、表现；知识、理解四个方面。其二，活的能力，也称生存力，强调与21世纪社会对应的问题解决的资质与能力，包括自我成长、问题解决力、社会实践力和"丰富的心灵"四个方面。其三，学习的基础能力，包括丰富的基础体验、面对学习的能力、自我学习能力、自律学习能力四个方面。[10]若说传统的教学是"严师出高徒"，那么在21世纪的今天，在追求"综合学力"提升的今天，靠"严厉"的"灌输"行吗？学生没有主观的"动机"能行吗？要知道，是学生的动机激发、引导才维持了他们的学习活动，影响他们所从事的学习活动的方向、强度、持续性及质量。在学习情境中，动机的重要性怎么强调也不为过（Ames，1990）[11]而现在，很多老师都在"抱怨"，学生不肯吃苦、不愿学习，没有学习动力。现今时代，在儿童中间，开始席卷广泛深刻的拒绝学习和逃避学习的风潮。儿童再回到"勉强"的文化，已经是不可能了，这是勉强时代的终结。只有意识到学习处在竞争之中，拒绝勉强、逃避勉强乃是理所当然的现象。[12]理查德·斯根普在他的《学习数学心理学》一书中将动机分为长期动机和短期动机。长期动机是指将学习数学作为未来的运用或学术目标；而短期动机是指将学习活动作为一种欢快的、一种心理发展的需要。短期动机是一种内在的动机，它是对学习数学最有力的刺激。[13]我们看到，"智趣观"下的教学易于催生学生的短期动机，从而促进学生主动且持续地学习。因此，"智趣观"为学生综合学力的提升提供了强有力的保障。

（三）"智趣观"是构建理想课堂的不懈追求

素质教育要求切实减轻学生负担，让学生学得轻松、主动，而喜欢的事情常常能乐此不疲，所以，素质教育落实的关键就在于培养学生的学习兴趣。苏霍姆林斯基说："如果教师不想方设法使学生产生情绪高昂和智力振奋的内心状态，就急于传授知识，那么这种知识只能使人产生冷漠的态度……学习就会成为学生沉重的负担。"[14]秉持"智趣观"的教学，要求教师不仅要传授学生知识、促进学生思维发展，还要注重学生创造力的培养，努力使其形成"不唯书、不畏师、有坚持、有担待，主动学习、善于合作、勇于质疑、敢于求真"的数学素养。要重视智慧与情感因素在教学中的动力作用，强调通过创设教学情境激发学生的乐学兴趣，强调教学过程师生活动的互动性，追求创造民主、宽松、和谐的学习环境，把对学生的情感培养作为重要目的。

小学数学的学习应该给孩子们留下什么？是"智"与"趣"。智，是学习的智慧、生活的智慧，是孩子认识世界、了解世界的聪明才智，是数学的思考方式和思想方法；趣，是在学习中自然而然产生的情绪，是师生共同营造的情趣，是把数学看成有趣好玩的东西，是把学数学当成令人开心和向往的事，是对数学的兴趣盎然和真心热爱。"智趣观"追求的理想课堂是高效的课堂，是互动交流的课堂，是和谐思维对话的课堂，是充满生命力的课堂。

三、如何把握好"有用"且"有趣"

秉持"智趣"教学观，要在教学实施的过程中把握好以下三项原则：

（一）"简约实效"是"智趣"教学实施的前提条件

很难想象一节冗长而繁杂的课会令学生喜欢。天津市教师进修学校的徐长青副校长曾说："本来简单、有趣、充满思维挑战的、充满乐趣的数学，因复杂、枯燥、烦琐的活动和形式，使许多孩子不愿意亲近数学，从而远离了数学。""智趣"教学实施必须以"简"为前提，只有做到了"简"，才有可能、有条件去思考"智"和"趣"。让学生用简单的方法解决数学问题是数学学习的根本目标之一，也就是把复杂的问题简单化。因此，数学课堂的学习首先要"简单"化，特别是小学数学课。"智趣"教学的实施首先要确保"简约实效"，并通过"五化"来实现这一目标。

1. 教学目标简约化

课时教学目标不能有形无实！目标的制订应注重实效，其表述应简洁、明确且重点突出。教学目标一定要"简约"，甚至"由一句话表述教学目标"。

2. 教学环节简明化

甚至可以简到只有三个环节：导入、新问题、拓展延伸。其中"导入"要"快"，不故弄玄虚。在"新问题"的处理上要坚持"教师主导"，这个"导"主要是老师创设的一些"环境"，或是组织的一些"活动"，或者是搭建的一个"平台"，它包括讨论、交流、质疑、比赛、辩论等。第三个环节就是"拓展延伸"。这是一节课的"灵魂"所在，它体现了老师的"真功夫"。"拓展"是对教材基本知识技能处理后的深入学习，"延伸"则是让学生在汲取充分营养之后的自由生长。

3. 教学手段实用化

教师不能"落伍"，新事物、新手段、新工具一定要会用、善用。但课堂教学不是"炫富"，要知道自己想干什么，想要什么。要采用实用而多样的教学手段，但要避免过度的包装。

4. 教学活动高效化

课堂上的教学活动一定要精心策划。多用点精力和时间在这上面，远比用在设计精美的课件更重要！要事先对教学活动的效果做个评估，对教学活动可能的效果进行科学的分析，绝不能想当然！

5. 教学进程节奏化

《礼记·乐记》中说："节奏，谓或作或止，作则奏之，止则节之。"缺少节奏感的课会让人疲惫厌倦！教师要尽量使课堂"轻重缓急、抑扬顿挫、错落有致"。即使没有"妙招"，仅仅是在课中让学生来个3分钟的"自由吵闹"或是"音乐欣赏"，也能使他们紧绷的神经松弛一下。

（二）"教学智慧"是"智趣"教学实施的坚实基础

这里的教学智慧，是指教师教学行为的智慧，只要教师具备了"智慧"，就能为"智趣"教学的实施打下坚实的基础。那么，教师的教学智慧主要体现在哪几个方面呢？

1. 教育信念"返璞归真"

有学者坦言："一个具有教育情怀的教育者，在自己的职业生涯中必须不断锤炼并造就以下四种品格：洞察未来；超越世俗功利；有自己的教育理想；真爱孩子。"[15]"超越世俗功利、真爱孩子"说得多好！这是教育信念的"返璞归真"。有这种信念的教师就要把"育人"落实到每一节实实在在的课中，这很重要。切莫追逐令人眼花缭乱的新理念、新改革、新方法，要静下心来踏踏实实地开展"草根的研究"，要从大处着眼，更要从小处着手。当然，我们既要做"耐得住寂寞""坐得住冷凳"的数学教师，也要做"视野开阔，有远大抱负与志向的'大气的数学教师'"[16]。

2. 教材使用"得心应手"

"用教材教"在相当长的时间里依然会是教师的首要选择。自主设计的课程和教材毕竟离我们尚远。教师对教材的把握和拿捏，是头等重要的教学基本功。"智趣"教学的实施则要通过四个梯度的推进来实现"得心应手"，即"吃透教材、活用教材、整合教材、超越教材"。

3. 教学设计"深入浅出"

教学设计要避免烦琐，应在简约中体现深刻。要有厚度，但形成的方案要简明，这样就留有足够的"生成"空间。既要有细致入微的微观把握，又要"跳出"一节课的束缚，从整体上、宏观上进行把握。所以，"智趣"教学的设计，应是先薄再厚，再由厚转薄。薄在外显，厚在胸中。

4. 课堂组织"明松暗紧"

杜威把教师称为教学活动中的"管理者"。他认为，在现代教育中，教师在教学中将不再起主导作用，而是从旁协助学习活动的助手和管理者。[17]"智趣"教学中教师的管理要讲求"艺术"，这种艺术的体现首先在于"看似无为的有为"，或者说"不留痕迹"的"明松暗紧"。例如，教师的"严厉"一定会影响"智趣"的实施，但有序的课堂组织依然很重要。教师不是通过强硬的"规定"和严厉的"斥责"来维护课堂秩序的，而是通过其他更为艺术的手段来实现这一目的。例如，教师扮演"游走着的突击检查者"，在课堂上形成了一个移动的"中心"，并且能经常用暗示性语言和温和的"接触"（如拍拍肩膀、摸摸头）警告，还可强化"伙伴制约"，经常要求"讲给同桌听"或"帮助同桌把关"。

5. 教学生成"巧妙应对"

这里的"生成"泛指非预设的问题和情况。教师"巧妙应对"也可以说是"教学机智"。教学机智是教师教学艺术的较高表现形态，是在教学过程中，教师随机应变，采取灵活有效的教学策略，保证教学顺利进行的一种素质。教学机智的运用首先有利于维持教学秩序，保证教学效果。[18]"巧妙应对"还体现在如何应对课堂上偶发的、突现的"灵光"，其可能是学生一个精彩的发现，可能是对一个问题转折性的思考，可能是一次非常好的育人时机，也可能是一个智慧探究的切入口。总之，"智趣"的课堂就应该充满这样智慧的光芒，怎能缺少老师的"巧妙应对"？

（三）"妙趣横生"是"智趣"教学实施的显著特征

原山东大学校长展涛先生在谈到数学课程改革时说："应该让学生学简单的数学，学有趣的数学，学鲜活的数学。"如果要给"智趣"教学观贴上一个标签的话，我觉得那就是"妙趣横生"。这一显著特征主要表现在五个方面，即教学语言情趣化、教态表现夸张化、思维活动游戏化、智力培养策略化、教学评价色彩化。

1. 教学语言情趣化

《礼记·学记》这样论述："善歌者，使人继其声。善教者，使人继其志。其言也，约而达，微而臧，罕譬而喻，可谓继志矣"。小学生最怕"冰冷"的语言，这也是部分儿童产生数学学习障碍或数学学习兴趣低下的主要原因之一。"智趣"课堂上，教师的语言应该是情趣化的，应是学生喜欢的，充满智慧、充满趣味的语言。要充满笑声，因为有笑声的课堂一定会让孩子们喜欢！所以，情趣化的第一要旨就是幽默。教师要幽默且风趣，要用儿童化的语言与儿童沟通。列宁说过："幽默是一种美丽健康的品质。"还有人说："幽默是智力的剩余。"苏联教育家斯托维洛夫也认为，教育家最主要的也是第一位的助手是幽默。

2. 教态表现夸张化

美国心理学家艾伯特·梅拉别恩经过实验得出结论：信息的总效果 = 7%的文字+38%的音调+55%的面部表情。[19]教师的体态语言在教学中起着无法替代的作用。"智趣"教学中，教师的神态表情、肢体表达一定要有张力，尽可能做到成为情感、情绪表达的延伸。有时甚至要很夸张，这是信息传递方式的放大，是一种正强化。"夸张化"还需要教师善于入情入境，要充满激情。"感性"对教师而言绝对是个褒义词。另外，"夸张化"还是一种姿态，是肯放下"身架"，会放下"身架"，用近似于孩子的视界和情感、心态与学生交流。

3. 思维活动游戏化

"数学是思维的体操"，思维活动是数学课堂最主体的活动。小学数学课堂的教学活动应该"灵活、适切、趣味性强"。这样才能使学生学的"轻松、愉快、高效、悦纳"。很多时候，教师往往不由自主地以自己的理解来设计教学。"子非鱼，安知鱼之乐？"因此，我们要走到孩子中间，到课间、到操场上、到小区里，看孩子们在做什么，看孩子们在说什么。我们要用"儿童的方式"进行思维活动，并把思维活动以孩子们喜欢的游戏方式呈现出来。

4. 智力培养策略化

数学课堂不能缺少"思维的碰撞、智慧的火花"。智力的培养应该是数学课上最为艰巨的任务。那么，"智趣"的教学就是将智力培养形成稳定而有效的策略。例如，"发散思维培养的'树、桥、网'策略"（在"'以智启智'的策略"中有详述）。

5. 教学评价色彩化

泰勒曾经说过，评价方法不是单纯的技术问题，它是不断完善教育实践的根本性活动。即使设定了高层次的教学目标，也开展了生动的教学活动，但如果没有能够准确把握学生掌握目标程度的评价方法，那么教学会由于无法评价而变得空洞化。教师为了把握学生的活动，需要锻炼"观察之眼""倾听之耳""讲述之口"。[20]"智趣"的课堂评价拒绝冷冰冰的语言，要尽量让评价充满色彩感，强化色彩的心理影响作用。评价语言赋予了教师和孩子们"默认"的色彩，让其情绪融入"色彩"，如把"小奖状、小表扬信"设计得色彩缤纷，并对应某种颜色。"智趣"教学的评价中有"激励、赞赏"，但也不乏"怀疑、调侃"。总之，孩子们会接受这充满色彩的评价，也会喜欢数学课上的"色彩"。

四、怎样做到"有用"和"有趣"

如何做到"有用"和"有趣"？这要受到多方面因素的影响，如社会条件、教师素质、育人环境等。我在教学实践中也积累了一些比较实用的经验，仅供同行参考。

（一）"以智启智"的策略

1. 在"辩论"中催生智慧

课堂不是同质性的空间，而是交织着多样的思维表象的异质空间。数学思维是个人内部的推理性思维，这种推理性思维是在同他人的思维进行交流的过程中展开的。同客体的对话、同他人的对话、同自己的对话，构成了三位一体的过程而展开，是以对话的语言构成数学的对话。[21]鉴于此，我经常在课堂上组织学生进行辩论。辩论有时是随机的决定，是因为课堂上突发的"论点"。但更多的时候是"有备而来"，是教师早就设计好的。通过辩论，学生们能够"思想交汇、个性张扬"。学生不仅要阐述自己的观点，还要点评他人的观点。学生发表看法时常常以"我认为、我反对、我赞同、我欣赏"等"骄傲"而"自信"的词语开始。根据杜威的说法，学习新观念的最好的方法就是"与其他人进行正常的沟通"——在沟通的过程中，学习者会与教师及同学，在有目的的活动中，或是在共同兴趣的探索下，进行互动。[22]而辩论是最好的思维"互动"。

2. 在"发现"中捕捉智慧

费雷登塔尔认为"学习数学唯一正确的方法是让学生本人自己去发现或创造出要学的东西"。此观点虽然有些"过"，也受到许多诟病，但"发现"的作用是谁都不能小觑的。《标准（2011年版）》中提出：学生自己发现和提出问题是创新的基础；独立思考、学会思考是创新的核心；归纳概括得到猜想和规律，并加以验证是长效的重要方法。从这里不难看出"发现"的重要性。小学生的发现往往令老师、大人们望尘莫及！有时一节课有二十多条"发现"也不足为奇。当然这需要慢慢培养，需要时间的滋润。一开始，教师可以放宽"发现"的尺度，其中包括学生在预习看书时"读到的""记住的"，包括做练习时"提示的""易错的"等，都"算"作学生的"发现"，教师应给予鼓励，然后慢慢地再渗透能"发现"的方法，学生的进步往往令人"惊奇"。

3. 在"质疑"中提升智慧

没有问题和质疑的课堂无论如何都不能算作好的课堂。人要是缺乏批判和怀疑的精神，那么他的世界也是残缺的。在"问题"或"质疑"之后，不能以是否有标准答案为完美结果，而是要通过不断地提出问题，不断地迫使学生深刻审思自己的想法，并强化不以"利益好恶""权威权势"或"亲情友情"等左右判断，养成"自由之思想""独立之人格"。爱因斯坦说："提出一个问题，往往比解决一个问题更重要。"《新课标（2011年版）》明显变化之一是从数学问题解决过程中的"两能"到"四能"，其中新增了发现问题和提出问题的要求。问题是数学的心脏。在数学学习的过程中要逐步培养学生敢于质疑的好习惯。我们也应该尊重学生的自由，要允许学生质疑教师，当学生不是出于服从权威而学习，并心甘情愿地尊重他们值得尊重的教师时，他们才能在学习过程中获得真正的精神成长。[23]"智趣"的课堂中最喜欢质疑的是学生，因为学生此时能善于批判地思考、坦诚自己真实的思考，并在辨析中更加接近真理！

4. 在"发散"中创造智慧

赫欣斯说："教育就是帮助学生学会思考，做出独立的判断。"而旧有教育模式却不能实现这一目标。"学生缺乏对数学概念的深刻理解和举一反三的能力；数学教学过于强调个体反复练习，而忽视了学生的问题解决、推理能力的训练。""智趣课堂"课题组在实践研究过程中总结出了一套发散思维培养的"树、桥、网"策略。这一策略基于"重思维能力培养，强调策略的主动建构"这一认识，强调"发散思维是智力生发的基础"，可概括为三句话，即让信息伸展如树、让触角联结成桥、让思维畅通似网。

5. 在"直觉"中追寻智慧

波利亚曾说："要成为一个好数学家，你必须首先是一个好的猜想家。"教师应经常给学生"猜"的机会，并且鼓励学生猜想。猜想可能是最快捷的一种思维，快到来不及看清思考的过程。有时人们会说"跟着感觉走"，可能并不是没有思考，而是已经闪电式地思考过了。猜想大多数是一种直觉思维。直觉思维可能是数学中最闪亮的，数学教师尤其要注重培养并小心呵护学生的"直觉"，不能因其"说不清理由"而嗤之以鼻。面对学生的"直觉"，教师要智慧地等待、谨慎地追问，捕捉亮点、期待美丽思考的呈现。

（二）"以趣激趣"的策略

1. 以"变化多样的冲击"激趣

我一直认为，"变化"是最直接的"激趣"策略。任何一成不变的、刻板的事物都很难引起别人的兴趣。因此，在"智趣"的课堂中，"求变"是恒久不变的要求。这"变化多样的冲击"中包括：教师语音语调的变化、教师位置的变化、练习形式及梯度的变化、学习活动方式的变化、辅助教具设备的变化、调动各种感觉器官的变化等。总之，就是要杜绝"一成不变"。

2. 以"贴近生活的故事"激趣

儿童的兴趣发展必然是一个渐进的过程。一般是由简单事件的兴趣发展到对复杂事件的兴趣，由喜欢实际活动发展到喜欢象征性活动，由自我中心的兴趣发展到社会性的兴趣。[24]杜威的观点是，在社会的情境中有目的的活动才是达成真正学习的不二法门。教师所有的工作就是"提供情境以刺激思考"，并采取体谅的态度。教师必须与学习者一起拥有"共同经验"。因此，"智趣"的教学要设计"学生喜欢的、简单的、易于融入角色的和教师共同参与的"故事情境。有时候，这一故事的情趣线索可以贯穿整节课始终。

3. 以"喜闻乐见的形式"激趣

有时我们过于强调数学自身的"美"和"趣"，从而忽视了儿童的生理、心理特点。如果教师在教学实践中不仅接纳儿童从自身生理视角所获得的经验感受，更为儿童从自身年龄、心理水平和个性特点出发对周围世界所得出的理解、观念而提供空间的话，那么其教学将会更加精彩、生动和温润。[25]所以说，别想把教师自己从"数学"中体味出的"美"直接灌输给学生，要让学生自己去体会。那就要以学生"喜闻乐见的形式"激起感知的兴趣。这些"形式"必须是儿童化的，如游戏、表演、讲笑话、说儿歌、猜歇后语、动手操作、做小老师等。

4. 以"事与愿违的惊奇"激趣

惊奇、好奇可以转化为求知欲。苏霍姆林斯基这样说："我向全体教师提议：请你们珍惜孩子的好奇心、求知欲和渴求知识的火花。"[26]"智趣"的课堂上，教师要善用孩子们的好奇心，要积极创造引发儿童好奇的事物，以"事与愿违的惊奇"激趣，就是一个不错的办法。这种"事与愿违"往往表现为与学生的"想当然""乍一看"等截然不同的观点或结论。它就是让儿童产生"怎么会这样"或"原来如此"的"怦然心动"的感觉。

5. 以"技术手段的新潮"激趣

"智趣"教学观下，教师还应是一个"潮人"，新技术、新思潮"武装"的"新人"，它包括新学习方式的尝试、新教学技术的使用。还有，新的文化元素也应由老师们及时传递给学生，如广受好评的书籍、电影、歌剧、音乐等。

五、理想中的"有用"与"有趣"

雅斯贝尔斯曾指出："教育首先是一个精神成长的过程，然后才成为科学获知过程的一部分。"[27]课堂是有限的时空，所以不能揠苗助长；课堂又可无限地延伸，所以不必苛求一节课的容纳。课堂的智慧恰恰体现在教学上的为与不为、取与舍、严谨与粗放。我们舍弃对功利及效率的追逐，力争自由轻松的情感交融；我们的课堂目标不要烦琐的三维或四维，力争清清爽爽简约而实际；我们不要复杂的像走马灯一样变换的环节，力争让学生自主实践和尝试；我们不要声光电交织的课件，力争使课堂上碰撞出智慧的火花。或是操作，或是辩论，或是比赛，或是发明与创造，都可使儿童的心灵得到解放，让其思想智慧生长。我们要不遗余力地倡导"自由地思想、勇敢地质疑、大胆地突破、科学地实践、智慧地创造"。总之，借用美国教育实践家雷夫·艾斯葵斯的一句话，即"我有自己的行为准则并奉行不悖"。

我们很难说，"智趣"教学观是基于哪一种理论或属于哪一个流派，这的确很难讲。"智趣观"一定不是哪个理论或流派的"坚定的战士"，但我们能从多种进步的理论思想里发现并给予我们的支撑，这就足够了。我们有理由相信，一位优秀的建构主义教师与一位按照杜威所提原则工作的、出色的进步主义教师是无法区分的。学生们将带着兴趣和相关问题积极参与，他们将能够与其他同学及老师进行讨论；他们将是主动而非被动的提问者；他们将有足够的空间做出反应；他们将有机会来试验和验证他们已建构起的知识；而且他们将对其他同学和教师提出的建构进行严肃的反思。[28]事实上，在教学过程中我们很有可能完全不考虑教学法，正如一个人即使不明白什么是爱情也可以成为恋人，即使不知道什么是养育责任也可以成为父母一样，即使我们没有对教学活动的本质和目的有过深入思考，我们似乎也能够教学。但是，我们坚信，教师只有在对一些问题有过深入的反思，并坚持以同一态度来对待教育这个重要的职业，其专业化水平才能得到提高。[29]

参考文献

[1] 辞海编辑委员会.辞海（上）[M].上海辞书出版社，1989：1306.

[2][3] 中华人民共和国教育部.义务教育熟悉课程标准（2011年版）[M].北京：北京师范大学出版社，2011.

[4] 刘凤翥.我看义务教育数学课程改革[J].课程教材教法.2013：50.

[5] 王光明，范文贵.新版课程标准解析与教学指导：小学数学[M].北京：北京师范大学出版社，2012：20

[6][22][29] 加里·D.芬斯特马赫，乔纳斯·F.索尔蒂斯.教学的方法[M].顾明远，洪成文，主编.胡咏梅，赵应生，王绯烨，译.北京：教育科学出版社，2008：10.

[7] 何克抗.创造性思维理论：DC模型的建构与论证[M].北京师范大学出版社，2002.

[8] 聂必凯，郑庭曜，孙伟，蔡金法.美国现代教育改革[M].北京：人民教育出版社，2010：6.

[9] 盛毓.面向每一个学生的学校教育[J].上海教育，2013（2）.

[10] 王向红.学力观与学习评价：日本的经验与启示[J].外国教育研究，2013（1）.

[11] 苏珊·A.安布罗斯.聪明教学的7原理：基于学习科学的教学策略[M].庞维国，译.上海：华东师范大学出版社，2012：43.

[12] 佐藤学.学习的快乐—走向对话[M].钟启泉，译.北京：教育科学出版社，2012：17.

[13] 宋乃庆，张奠宙.小学数学教育概论[M].北京：高等教育出版社，2012：89.

[14] B.A.苏霍姆林斯基.给教师的建议[M].杜殿坤，译.北京：北京教育科学出版社，1984：153.

[15] 张志勇.教育家的职业人格[J].中国教育学刊，2012（9）.

[16] 郑毓信.数学教师的三项基本功[M].江苏：江苏教育出版社，2011：16.

［17］杜威.明日之学校［M］.朱经农，潘梓年，译.北京：商务印书馆，1993：67.

［18］王升.如何形成教学艺术［M］.北京：教育科学出版社，2010：116.

［19］沈立军.课堂上的非语言行为［J］.外国中小学教育，1983：20.

［20］田中耕治.教育评价［M］.高峡，田辉，项纯，译.北京：北京师范大学出版社，2011：137.

［21］田中耕治.教育评价［M］.高峡，田辉，项纯，译.北京：北京师范大学出版社，2011：187.

［23］［27］雅斯贝尔斯.什么是教育［M］.北京：生活读书新知三联书店，1991：55.

［24］李维.小学儿童教育心理学［M］.北京：高等教育出版社，2002：71.

［25］李召存.课堂教学：为儿童个体表达留空间［J］.中国教育学刊，2012（9）.

［26］B.A.苏霍姆林斯基.育人三部曲［M］.毕淑芝等，译.北京：人民教育出版社，2011.

［28］D.C.菲利普斯，乔纳斯·F.索尔蒂斯.学习的视界［M］.顾明远.洪成文，主编.尤秀，译.北京：教育科学出版社，2006：59.

"树、桥、网"思维能力培养策略的研究

著名的"钱学森之问"深深触动了众多教育人，由此引发的思考更为持久和广泛。作为教育人，我们不能仅仅是感慨，更应该认识到自己的责任。我们要在自己的教育岗位上思考，也许"天问"的解答正需要每一位心系教育之人的探索和实践。下面，结合我对小学数学解决问题课堂教学策略的认识，谈谈创造性思维能力的培养。

一、认识与实践

（一）小学数学解决问题教学与创造性思维能力的培养

作为教育工作者，我们不得不问：怎样才能让创新之花盛开、创新之树常绿？著名数学家华罗庚说："人之可贵在于能创造性思维。"由此可见，如何培养创新人才是解答"钱学森之问"的核心所在，而创造性思维的培养又是创新人才成长的关键。什么是创造性思维？就是有创见的思维，即通过思维不仅能揭示事物的本质，还能在此基础上提出新的、有建树性的设想和意见。创造性思维与一般性思维相比，其特点是思维方向的求异性、思维结构的灵活性、思维进程的飞跃性、思维效果的整体性，以及思维表达的新颖性。

怎样的教育才利于创造性思维的培养？在上个世纪初，教育家陶行知就提出"要解放儿童的头脑，使他们能想"。注意，这里说的是能"想"而不

是能模仿。这个"想"应该就是想象力。爱因斯坦说："想象力比知识更重要，因为知识是有限的，而想象力则概括这世界上的一切。"之所以谈到要"解放"，那一定是因为我们太过于"禁锢"。所以，我们要追求"独立之精神、自由之思想"。这也说明"自由"是创造性思维形成的必要且适宜的环境土壤。

《数学课程标准》最主要的特点可用一句话来概括，就是：改变学生的学习方式，培养学生的创新意识和实践能力。解决问题的核心是培养学生的数学思维。[1]从这一观点来看，解决问题的教学就是教师引导学生进行数学思考的过程，采取适当的教学策略，必然能对学生思维能力的培养起到重要的作用。数学是思维的体操，培养学生的思维能力又主要由"解决问题"来实现，因此说，数学解决问题的教学对思维能力的培养至关重要。

（二）解决问题教学中的"树、桥、网"策略

1. 解决问题教学的几种策略比较

对解决问题基本策略的认识决定了教者采取的教学策略。关于解决问题策略的研究，国内外近些年有很多重要的研究成果，如1998年李明振等人提出了解决数学问题的基本策略，包括整体策略、模式识别策略、转化策略、媒介过渡策略、辩证思维策略、反面思考策略、记忆策略。2000年，我国学者孙连荣把解决问题策略分为两大类：综合策略和一般策略。[2]国外有波利亚的《怎样解题》，纽维尔和西蒙的两阶段策略等。这些研究或多或少、或早或迟地影响着小学数学教师的教学实践。从多年的教学实践来看，我认为解决问题的教学策略似乎可以分为以下三类：

（1）重整体结构分析，强调"问题（任务）的解决"。

此种教学策略要求从整体结构出发，对数学问题进行观察、分析、处理，从全局上把握条件与结论及其联系，把握解题各部分、各环节间的联系，把问题的解决作为唯一的终极目标。这种策略在课改前比较普遍，特别是在应用题教学中基本采用此策略。一般教学过程包括：读题理解题意、分析已知条件和问题、寻找对应的数量关系、根据数量关系进行计算。这种策略最主要的特点就是掌握了数量关系，运用数量关系解题。其弊端不在此赘述，课改后，虽然受到质疑和抨击，但它仍是比较常见的教学方式。

（2）重解决策略运用，强调"数学思想的认识"。

课改后的小学数学教材中出现了独立设置的单元，有的称为"解决实际问题"，有的称为"解决问题的策略"。这足见对数学解决问题策略的重视程度。特别是伴随着对"数学思想"的认识与实践，如东北师范大学史宁中校长等教育家的论著，解决问题教学中的"策略意识"更加受到重视。教学一线的教师也对此进行了较为广泛和深入的研究。比较典型的代表有马芯兰等人从教学实践中系统总结了小学生解决应用题的策略，包括分析综合法、假设法、换句话说说法等近20种常用策略。这一教学策略的研究和运用从时间跨度来讲，刚好是课改前后约20年的时间，可见生命力之强，同时起到了"承上启下的作用"。

重解决策略运用，强调"数学思想的认识"甚至可以说是数学教学的变革性突破。但在推广应用时，遇到了一定程度的阻碍或者是"变质"。当然，这其中有整体教育环境的制约，但更主要的是"急于求成"思想的使然。所以，将"解决策略"和"数学思想"又作为学习和模仿的"技能"来教学，反而加重了教师和学生的双向负担，真是事与愿违。看来，对学生创造性思维培养的研究是一个任重而道远的艰难旅程。

（3）重思维能力培养，强调"策略的主动建构"。

美国的《数学课程标准》中有这样一段表述：运用适当的解决问题策略，来完成有价值、有意义的数学任务，从而发展数学思维能力。

我们是否可以这样认为？策略并不需要作为"策略"来教授，思想也并不需要作为"思想"来认识，而是通过创造适合自由思考的环境，引导学生主动地建构起策略和思想。我们有时希望通过"告诉"他"还可以这样想"，试图以此培养创造性思维，但这其实还是模仿。我们只能营造一种环境，让他自己发现"我还可以这样想"。也许学生并不需要知道他所建构并运用的策略是什么"策略"，也不知道他的思考其实是某种"思想"，但是，这是他自己思维的结果，他已经具备了用这样的思想来思考，用这样的策略来解决问题的能力。

2. 解决问题教学中的"树、桥、网"策略

基于"重思维能力培养，强调策略的主动建构"这一认识，在解决问题教学中我所采取的策略可以概括为三句话：让信息伸展如树，让触角联结成桥，让思维畅通似网。这一思考的产生源于教学中或者学生成长过程中对"信息"的程式化甚至漠视。什么是"信息"，在这里我们不妨这样定义，即自然世界中的现象和人的意识产物，在感官和脑的双重作用下所产生的表征。比如看见"苹果落地"这一自然现象，比如看电视节目后的情绪情感，又比如数学中问题的具体数量等都是"信息"。它主要区别于作为完整结构呈现的"问题"。也有学者这样认为："所有的知识都不过是我们对周围信息的解释。"[3]

解决问题教学中培养学生创造性思维能力的关键，就是要引导学生对"信息"进行主动的、自由的、创造性的建构，从而培养学生的思维能力，提升其智力水平。在这样的思考下，解决"给定的问题任务"并不是最主要的目标，甚至可以看作"思维活动"的"衍生品"。

例如，人教版小学数学四年级上册57页题例。原题呈现的信息包括文字信息和图示信息。文字信息有：一辆旅游车在平原和山区各行驶了2小时，最后到达山顶。这段路程有多长？图示信息有：平路50千米/时，山路30千米/时。通常采取的教学策略有"整体呈现信息，明确速度、路程、时间，根据数量关系解决问题"，或者"运用分析法和综合法处理信息，寻找解题策略，解决问题"。"树、桥、网"策略则要求"渐次呈现信息，让每一条信息充分伸展，在对信息的处理过程中解决问题，实现思维能力的培养"。这种方式应该更利于学生思维能力的发展。

如何让信息在学生头脑中自由地伸展，以致由"一颗种子"伸展成枝叶繁茂的大树？

第一，要避免将问题整体呈现，要在渐次呈现信息的过程中让学生充分地理解和想象，充分地主动建构。

第二，要合理地引导。毕竟还要适应课堂教学节奏。上述的"伸展"确如"树"一样繁茂，而且我们也不能轻易地进行剪枝或否定，因为这种"自由"的环境更难能可贵。但我们可以合理地引导，要充分体现"数学性"，如第一类信息伸展很有价值，学生在思考交流的过程中已经实现了对"此问题"的解决，甚至可以说，通过对信息的伸展已经可以解决所能衍生的所有基本的问题。这一类信息的伸展应该给予积极的评价和鼓励。第二类信息的伸展则具有更深的思考性，可以看出学生已经对此问题有了更广泛和深入的思考，这也说明他们变得"更聪明了"。第三类信息的伸展很令人纠结。也许这样的思考更有"创造性"的特点，也许扼杀了这样的伸展就是扼杀了"奇才、怪才"。但是，课堂教学的局限性又不允许这样的"天马行空"。我在教学中进行了这样的引导：开始一段时间允许学生这样想并表达，但不表扬不鼓励；慢慢地，效仿者呈现增多的趋势，我就引导学生思考："谁的想法对你有帮助，谁的想法最有价值？"由学生自己来进行取舍。当这样的伸展逐渐"缩小"之后，仍然有"顽固分子"，我则引导并鼓励他们在课间进行"想象"，如讲故事比赛，把它引向课堂外，让"兴趣浓厚"的学生拥有更广阔和自由的空间。现在，课堂上这一类的伸展也会出现，只不过它成了学生愉悦心情、调节气氛的话料，我也乐得让学生的思绪"自由地飞一会儿"。

如何实现让"自由伸展的信息触角"联结成沟通之用的"桥"呢？其实，在不同信息自由伸展出如树状的触角时，这种联结是迅捷而自然的。其实，数学的解题策略，尤其是小学数学的解题策略就是运用了几个非常简单的"数学模型"，重要的是学生主动地运用，而不是从命名、分类、技巧等方面去"格物"。有了"信息伸展如树、触角联结成桥"的基础，再假以时日进行一以贯之的培养，一定能实现"思维畅通似网"。

二、理论再支撑

前面所述，更多来自于教育教学实践，是经验。因为思维能力的培养程序不是短时间内能够体现出来的，所以很难通过具体的测量数据来证实。我也尝试过统计并进行数据分析，但发现测试者本身的主观性经常影响判断，也就是我们潜意识中认为这样做是正确的，然后试图寻找事例和数据来说明。显然，这不足以说明问题。因此，我们还需要借助于脑科学、心理学和教育学的一些原理来分析和判断，寻找理论的支撑。

（一）科学研究分析

脑科学的研究表明，组合分析是创造性思维的重要表现形式。可以认为，儿童、青少年的思维之所以达到复杂化、系统化、调理化，达到智力发展的高级水平，关键在于他们能够提出各种对象配合之间可有不同的交接点。新思想的捕获是解决问题的关键步骤，但是捕获还不是解题的完成。解题的完成还需要对被解的问题做出合理的解释。而要做出合理的解释，就是要在相关的思想、知识之间建立起合乎逻辑的联系，这就是接通。"树、桥、网"策略中的"树"策略是为了让信息能自然地向各个方向伸展，易于被"捕获"，而"桥"策略则能顺利实现"接通"，"网"策略则使组合分析成为可能。

"信息组块"可以使神经网络联结更加牢固，越是牢固就越容易激活。"一个领域的专家和新手的区别表现为专家倾向于用更大的组块来组织信息，而新手则以孤立的小块信息来处理。"[4] "树、桥、网"策略即是让学生"用积极的发散和聚合思维让信息产生意义，并让信息组块之间畅快地交流"。教学从脑科学的角度来讲，就是引导和促进学生脑的形成。

（二）建构主义理论

建构主义理论认为，我们不是简单机械地倾听和接受信息，而是以原有知识为基础，在一定情境下，主动建构新的信息。数学学习涉及将知识建构成一个结构化的整体，新概念被同化到儿童已有的知识结构中，或者引发他们修改原有知识以适应新的信息。

（三）"脑力激荡法"的思维训练借鉴

脑力激荡法是美国奥斯本于1953年提出的一种颇为有效的创造技法，可作为发散思维（创造性思维的重要要素之一）训练的借鉴。其应注意四个要点：禁止批判、自由发挥、踊跃发言、集思广益。两个原则：延迟判断，即不要过早地下结论，以免束缚参与者的想象力，甚至熄灭参与者发散思维的火花。量中求质，奥斯本认为，在创造性地解决问题的过程中，初期提出的设想往往不太成熟，但越往后提出的设想越完善、越深刻。因此，应鼓励、启发参与者尽量多发表意见。[5]

（四）心理学方面的论述

美国的心理学家在对"天才"培养途径研究中认为"解决问题思维流畅，能从不同方面发现事物的价值"是天才的一种特质，因此要"鼓励孩子从多个角度来探索和观察周围的环境（信息）来形成较高的能力，创造出难以想象的联结"。[6]

三、质疑或批判

（一）批判研究缺陷

关于"创造性思维"的研究如此之多，为什么学校中的应用却星星点点呢？我个人认为，许多的研究缺乏土壤，研究缺少一线教师的参与，所以使研究的应用环境受到局限。在此，我们呼吁高校的研究人员要和不同层次的一线教师建立广泛的联系，共同开展研究与实践。

（二）其他疑虑

尚有许多疑虑，如创造性思维的培养会不会变成给部分人"开小灶"，而忽视了后进生的培养？怎样实现"课堂教学的公平性"？另外，会不会重视了"智育"而忽视了"德育"，如何注重"创新人格"的养成，包括批判精神、独立思考能力、责任感和使命感？

参考文献

［1］高果枝.数学课程标准学习指要［M］.哈尔滨：哈尔滨工程大学出版社，2002.

［2］陆海东.小学生数学应用题解决的认知与元认知策略及其训练研究［M］.长春：东北师范大学出版社，2006.

［3］James Amiddleton.数学教学的创新策略［M］.北京：中国轻工业出版社，2008.

［4］Patricia Wolfe.脑的功能［M］.脑科学与教育研究中心，译.北京：中国轻工业出版社，2005.

［5］何克抗.创造性思维理论——DC模型的建构与论证［J］.高中数学教与学，2017（8）.

［6］Susan Winebrenner.班有天才［M］.北京：中国轻工业出版社，2003.

梳理算理体系，促进小学生运算能力提升

注重运算能力的培养是我国基础教育长期以来最为鲜明的特色。但令人费解的是，新课改以来学生的运算能力没有提升反而明显下降。这绝不是教学容量删减的"过失"，教材的"瘦身"、课业的减负是必然的趋势。在这一背景下，"减负增效"才是我们要深入思考的问题。《标准（2011年版）》将"运算能力"作为核心概念而提出，就是给中小学教师一个明确的信号，要更为重视计算教学。小学是运算能力形成的最重要阶段，如何在训练量减少的情况下进一步提升小学生的运算能力？我认为，教学中要始终把握"以理驭法"这一根本原则。但问题是，教师是否已将四则运算的算理"了然于胸"？恐怕未必。我曾在小范围内进行调查，结果很不理想。大多数老师对运算算理的认识是碎片式的，或者是泛化的、模糊的。例如，很多人都清楚"算理即运算的道理，是解释为什么要这样算"，但具体到某一种运算或某一知识点时，教师讲出的算理则是五花八门。查阅相关文献，对"算理"的表述也是比较含混的。

鉴于此，我意在本文中对四则运算算理进行梳理，剖析其内在关联，并尝试着建立起"算理体系"。因为我长期工作于基层，理论水平有限，难以呈现逻辑严密的论述，特别是对许多概念的界定还缺乏科学性，故而下文谨供广大一线教师参考借鉴，并希望以此抛砖引玉。

一、整数四则运算算理体系的基本要素及结构

（一）核心算理

四则运算包括加、减、乘、除四种基础运算，每一种运算的知识点有十几甚至几十个，这些知识点按照小学生认知发展的水平分布在小学各册教材中，相应的算理也呈现出类似的"点状分布"。所有这些点状呈现的算理是否有一个赖以存在并发展的最核心的原理或准则？一定存在！这一核心原理或准则我们就称之为"核心算理"。而"核心算理"承担着统领所有四则运算算理及相应算法的重任！

（二）基本算理

四则运算中的加、减或乘、除虽然有着紧密的内在联系，但毕竟在运算规则方法和运算形式上有着很明显的区别。那么，每一种运算都应该有一个主要贯穿这种运算始终的原理或准则，即为"基本算理"。

（三）具体算理

在小学中，每一种运算都按照小学生认知的发展规律被划分为不同的知识组块。每一种知识组块又根据运算形式和表达方式的不同分为口算、笔算（包括竖式笔算、递等式等）、估算等形式。每一种知识组块、每一种运算形式都有其相应的不抽象不笼统、细节明确的算理，这就是"具体算理"。

（四）应用算理

我们知道，数学不是封闭的象牙塔，一定要与生产生活紧密联系。在具体的实际问题中，又有解释其实际意义的"算理"作为计算的内在支撑。这样的算理可以称为"应用算理"。

（五）算理体系的基本结构

算理体系中的四个基本要素的连接构造应为树状结构。核心算理是根基与主干。基本算理则是主干上的四个枝干，分别为加、减、乘、除四种运算。每一枝干上因知识组块的不同而生长出大小不一的枝丫，对应着同一种运算下细节性的具体算理。在具体算理的枝丫上则舒展着不可计数的树叶——实际应用的算理。这些汁液饱满的树叶让整个算理体系生机勃勃。当然，所有的计算都是基于核心算理这个粗壮的树干而存在的，没有了这个树

干，整个体系也就轰然倒塌了。我们理清了算理的结构，方能做到将算理"了然于胸"，教学时才能实现"以理驭法"。

二、整数四则运算算理的具体阐释

（一）整数四则运算核心算理的剖析

核心算理包含两个层面，一是计算的原理，也就是十进位值制。二是计算的基本规则，就是计算的模型化。

1. 十进位值制

十进位值制是四则运算算理的根本之源，是最基本的运算准则。十进位值制的发展可以从低到高划分为下面四个层级，而这四个层级恰好也对应着运算本身的发展层次。

（1）对应计数。最原始的计数方法应当是与实物一一对应的"点数"法。即使是现在计算10以内甚至20以内加减法时，依然有着远古人"点数"的影子。例如，一个一个地数实物或示意图、屈指数数等计算方法。加、减法中个位数加减虽然可熟练到不假思索脱口而出的程度，但其中的"算理"依然是"一一对应"的点数法。

（2）十进制计数。随着生产生活的发展，点数法显然不能满足较大数的计数，这就需要我们重复使用有限数字，按一定的规则组合后表示更大的数量，"十进制"也就随即产生。我们现在的四则运算都是不折不扣的"十进制"，如加法中的"满十进一"、减法中的"退一当十"都是"十进制"的具体体现。

（3）符号计数。符号计数使得运算变得快捷方便，尤其是阿拉伯字符的发明更是前所未有地发展了运算系统。特别是在"＋－×÷"等记录符号出现后，笔算书写变得越来越简洁，这也是四则运算模型化的一个必然条件。

（4）位值制。位值制是建立在进位基数之上的位置系统。有了位值制，就不需要特殊标识表示数值，只需根据不同位置确定相应位值。我国古代算筹计数时是从左至右依次表示不同数值。现在通行的是印度——阿拉伯数码十进位值制计数法。在四则计算中强调要数位对齐、同数位相加减，都是基于"十进位值制"，只有位值一致的数才能直接相加减。十进位值制是四则运算最为核心的算理。无论是哪一种运算哪一种表达形式，都不可能脱离十进位制值。教师在教学中也要牢牢把握住这一根本原理，去解析和阐述具体的算理算法。

2. 模型化

"模型化"指的是不同的运算要遵循相对应的问题情境及固定的运算模式。某一类或几类现实问题可以归为其中的一种模型，按照这一模型的运算方式及程序进行计算，四则运算则被分为加、减、乘、除四种模型。每一种模型都有着严格的运算规则，这种规则经过长时间的演变，最后形成定型，也就是我们现在适用的四则运算规则。可以说，模型化既是四则运算的核心算理，又是四则运算中最为显著的外部特征。

（二）整数四则运算基本算理的表述

整数四则运算的基本算理是核心算理在四种不同的运算中的生长与发展。

1. 加法的基本算理

把两个数合成一个数的运算。运算时相同数位的数逐次直接相加，每一数位加的方法都与个位数加的方法相同，某一数位上的和满十则向前一位进一继续求和。

第一句话"把两个数合成一个数的运算"可以看作加法的概念，解释加法是什么，概括了适于加法模型的几类现实情境问题。第二句话"运算时相同数位的数逐次直接相加"，依据"位值制"原理，只有相同的数位"位值"才一致，才可以直接相加。第三句话"每一数位加的方法都与个位数加的方法相同"，说明每一数位上的数在不看"位置"的情况下和个位上数是没有区别的，都可按个位数加的方法进行计算，而个位上数的相加则遵循"一一对应"的"点数"的原始计数方法，是一种相对固定的熟练技能。第四句话"某一数位上的和满十则向前一位进一继续求和"依据就是"十进制"。

2. 减法的基本算理

从一个数中去掉另一个数的运算。运算时相同数位的数逐次直接相减，每一数位减的方法都与个位数减的方法相同，某一数位上的数不够减则由前一位退一当十继续求剩余数。

与加法的基本算理相一致，减法的基本算理也是四句话。第一句"从一个数中去掉另一个数的运算"是减法的概念，解释减法是什么，概括了适于减法模型的几类现实情境问题。另三句的依据和加法的类似。

3. 乘法的基本算理

求相同加数和的快捷运算，运算时以乘法（九九）口诀的熟练技能为基础，按数位顺序分步求出和为几个一、几个十、几个百……最后累加求总和。

乘法的本源还是加法，只不过是思维结构和运算形式更加高级。"求相同加数和的快捷运算"这一概括适用于乘法模型的四种现实情境问题。"相同数的和（等量组聚集）、矩形队列、倍数、搭配"等现实问题都可概括为等量组聚集，即求相同加数的和。能够使乘法成为"快捷"运算的基础是人的熟练的技巧，乘法（九九）口诀是最主要的技能之一，它使得快速准确求和成为可能。乘法模型的显著特征是"先分后合"。根据不同数位上数所表示的数值，分别计算出和为"几个一、几个十、几个百……"，然后合成为部分积，最后累加求总和，就是最终的乘积。由每一小步求和的计算上升为快捷的求积的高级运算，这是思维结构的变化，而由每一次的部分积累加求和，得出最终的乘积，其实是"乘法分配律"的具体运用。

4. 除法的基本算理

一个数（被除数）被等量（除数）递减，求递减次数（商）及最后剩余（余数）。运算时以乘法（九九）口诀的熟练技能和"平均分"的实操模型为基础，按数位顺序分步求出递减次数和剩余数，每次剩余和下一位数合起来继续计算，直至余数小于递减数不够再减（分）为止。

从运算结构上来讲，除法是乘法的逆运算。但究其算理，除法的本源是减法，除的本质其实就是等量递减。"平均分、包含、比率、乘法逆运算"等现实问题都可以概括为"等量递减"，如 $20 \div 5$，无论是哪一种现实问题情境，其最初的思维过程就是从20里依次减去5，减了4次后没有剩余了。当我们熟练掌握了乘法（九九）口诀的技能，并能够结合"平均分"的实操模型时，"等量递减"的思维过程才固化为快捷的"除"的模型化运算。而作为模型的"除"要依据十进位值制，按照数位的顺序依次完成求商和余数的计算。

（三）整数四则运算具体算理与算法的辨析

具体算理是核心算理和基本算理在具体运算中的解释和说明，它与具体算法相呼应，是算法的依据。

例如，20以内的进位加法的算法有：点数（一个一个数）、接着数、依据数的组成（表象记忆法）、凑十法。这些"算法"都遵循相同的算理，就是"十进制计数"。20以内的退位减法的计算方法有：点数法、想加算减法、破十法、连减法。无论哪种算法，遵循的也都是"十进制计数法"这一核心算理。而其中的"破十法"就是十进制计数在算法中的应用，同时为减法的竖式写法打下基础。当然，减法的竖式写法所遵循的算理还要增加一条"位值制"，即"十进位值制"。

乘法竖式计算的算法和算理则显得相当一致，如12×3（人教版三年级上册），算理的表示是"12分成1个十和2个一，3乘以2个一得到6个一，3乘以一个十得到3个十，总和（乘积）就是3个十6个一，即36"。算法如图1所示：

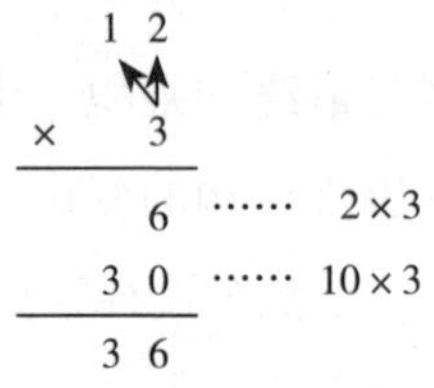

$$
\begin{array}{r}
1\ 2 \\
\times \quad\ 3 \\
\hline
6 \quad \cdots\cdots\ 2\times3 \\
3\ 0 \quad \cdots\cdots\ 10\times3 \\
\hline
3\ 6
\end{array}
$$

图1 算法详解

而除法"$150 \div 3$"的口算算法是"先不看150末尾的0，先算15除以3等于5，再在5的末尾添上一个0"。这样的算法是否科学正确？那就要用算理来支撑了。相应的算理是"150是15个十，15个十除以3（平均分成3份）等于5个十，也就是50"。

（四）整数四则运算应用算理的例说

整数四则运算应用算理包括直观演示的算理及解释实际意义的算理。无论是核心算理、基本算理还是具体算理，都是较为抽象的，要想促进学生对算理的理解、算法的把握，还要依据小学生的年龄特点和真实的生活经验，借助于直观的表象或空间图形，形象地解释或展示运算算理。这样的算理可以称之为直观算理或应用算理。

1. 实际操作演示直观算理

例如，在教学"口算除法例题120÷3"时，就可以直观演示"分纸"的过程，"10张1沓的纸共12沓，平均分成3份，每份是4沓，即4个10张，也就是40张"。

又再如，教学"两位数除以一位数首位有余数的除法"时，为帮助学生理解"十位上的余数和个位合起来继续除"就可直观地演示算理，如图2所示：

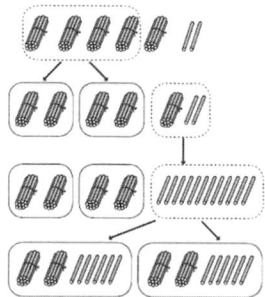

图2 两位数除以一位数首位有余数的除法详解

再如，"12×14"，为使学生进一步理解算理，有的老师借助"点子图"或"矩形图"的方式进行"直观演示"。

2. 通过解释实际意义理解并巩固算法

例如，人教版三年级下册口算乘法例1，"每筐装15盒草莓，买3筐共有多少盒？"列算式是15×3，口算的过程用算式表达为：$10 \times 3=30$；$5 \times 3=15$；$30+15=45$。教师在教学时就可以通过引导学生说其"应用算理"进行算法强化，如"先算每筐10盒，3筐就是30盒，再算每筐里的5盒，3筐就是15盒，最后将两次计算的结果相加，得出总盒数为45盒"。同样，在解决实际问题的教学中，我们一定会借助解释实际意义的算理帮助学生分析题意理解算法。这些都体现了"应用算理"的重要作用。

教师要掌握算理的脉络体系，才能在教学中实现"以理驭法"，让学生"知其然"并"知其所以然"。但是，无论哪一种算理，都是为学生的思维发展服务的，教师在教学中不必要求学生过分纠缠算理，当以理解内化为重。

以上是我对整数四则运算算理进行的梳理和统整，并"斗胆"做了体系的建构，个中不当之处还望专家们指正。

一种充满智趣的数学语言

数学是思维的体操，数学中的语言表述特别注重逻辑严谨、简明科学。但小学生最怕这"冰冷"的语言了，这也是部分儿童产生学习障碍或数学学习兴趣低下的主要原因之一。从杜威的"儿童中心"教育，到柏格森、狄尔泰的生命哲学，再到建构主义、后现代主义教育思潮，其主旨正是"不断追求对于人的关注和重视、不断追求人的身心和谐发展的过程"。如何站在儿童的立场，让小学数学学习既能保持思维的魅力又让儿童充满兴趣？我在教学中经常将一些知识点或思考过程编成"顺口溜"，其效果良好。而这些顺口溜便成了我课堂上经常使用的充满智趣的数学语言。

一、"顺口溜"使识记理解更有趣、更容易

何谓"顺口溜"，《现代汉语词典》中解释为："民间流行的一种口头韵文，句子长短不齐，纯用口语，念起来很顺口。"近年来顺口溜比较常见于成人之间的节日祝福短信，或是一些针砭时弊的流行语、市井文学中的"新民谣"，很多儿童歌谣也近似顺口溜。它们共同的特点就是易于上口，悦耳响亮，好念好记，且幽默诙谐，生动形象。将比较枯燥生涩的数学知识或思考过程的表述以"顺口溜"的形式展现出来，从而使得识记理解更有趣、更容易。

例如，在教学三年级《认识东南西北》时，鉴于儿童的空间感并不强，

必须让他们多在真实的生活场景中体验，同时用"顺口溜"来强化辨识能力，如人们早就熟知的"早上起来面向太阳，前面是东后面是西，左面是北右面是南"。除此之外我还编了几段："东边太阳升，南方暖洋洋，西边看落日，北方冷风吹""大雁向南飞呀飞，看看左边太阳升，望望右边盼日落，回头不舍家乡好，来年还回到北方""立定站好，顺时针转，东——南——西——北——东"。学生一边高歌"顺口溜"一边转身，同时还手指方向，并做着温暖舒服、欣赏落日、寒冷哆嗦等夸张的表情动作。这些活动既增强了学生学习的兴趣，又降低了学习难度，还强化了学习技能。

在教学三年级《年月日》时，课堂上我感觉学生已经记住了，但实际上他们记得并不熟练扎实。儿童认知心理学认为，8、9岁儿童的知觉阈限有限，超过知觉阈限他们就会像猴子掰玉米一样，掰一个丢一个。在教学过程中所提供的信息单位就要适量、适度，以适合儿童进行"短时记忆"和"编码"。基于上述儿童的心理特点与认知规律，教学中我将本节知识点进行了统整，编成了"顺口溜"："平年365（天），52周多1天。闰年366，每天都有新日出。一年共有12（个）月，大月小月和平月。一、三、五、七、八、十、腊，三十一天永不差。四个小月三十天，四、六、九月和十一。闰年二月29（天），四年一次记住它。"其中括号内的文字不读出来，只是为了理解方便。

在教学四年级《图形转换》时，我也编了一段"顺口溜"。因当年春晚郭冬临的"快板儿"火爆一时，几乎家喻户晓，于是我把这段"顺口溜"编成了山寨版的"快板儿"：

竹板儿这么一打呀，别的咱不怕，怕就怕，图形转换实在太难啦！

平行四边形，对边平行又相等。

向长方形转化，底不变来，高不变，

形状却变啦；

还有三角形，两个一样大，

如果都是有直角（三角形），

拼成长方形；

不带直角一起拼，

就是平行四边（形）啦；

梯形，梯形，很特别，

光底它就有两个，

上底、下底只平行（不相等）；

等腰梯形两腰等，

想要变成长方形，

找中点，再剪开，

移到上面，拼起来，

变个长方形来看。

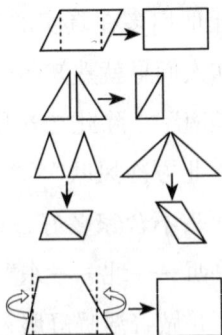

图1《图形转换》的"顺口溜"配图

现在回头想，图形转换难不难？

在教学《认识小数及小数的性质》时，我也编了"顺口溜"。例如："小数的末尾很特别，0是小数的小尾巴，末尾添0或去0，小数的大小会变吗？简写就是去尾0，改写位数要数清。又如：小数点儿呀小不点儿，小数离不开小数点儿，一点分开一小数，左边整数从右数，个十百千万，记法仍如故，右边小数从左数，十分位百分位，千万分位不乱数。"

即使在计算教学中"顺口溜"也大有作为。退位减法是计算教学中的难点。教学退位减法时我编了这段："相同数位要对齐，计算要从个位起。个位不够减，向十位去借一，借一可当十，减后合一起。头上有一点呀，减一再计算。"课堂上，学生一边笔算一边诵读，朗朗上口、井然有序，颇有点"摇头书生"的味道。在教学《除法各部分名称》时用这段："平（均）分被除数，除数关在外，头上带了商（伤），脚下踩条余（鱼）。"说的时候我还配以滑稽的动作，同学们都听得开怀大笑。

二、运用"顺口溜"教学的几点注意事项

1. 使用不易太频繁

编排"顺口溜"只是通过转换形式以达到激发学生兴趣、活跃课堂氛围、便于学生理解识记的目的。教学准备过程中最好是发乎自然，当用则用，不能生搬硬套，频繁使用，否则学生会兴趣索然，教师也会感到如同鸡肋。

2. 每段不易冗长

"顺口溜"一定要简短。上面几例中除了用于高年级综合复习时的"图形转换歌"之外基本上都是四六句。如果冗长学生则难以消化理解，反倒增加了学习负担，得不偿失。

3. 力求好念好记、生动形象

"顺口溜"只是一种语言表达形式，之所以要采用这种形式就是为了儿童喜欢、易于识记。因此，教师还要在"编"上下功夫，最好在编成之后先找几名学生读一读，观察学生理解与否、喜欢与否，能不能很快记住。根据试探情况酌情删减取舍。

4. 不必强求背诵

要知道我们真正的目的不是背诵"顺口溜"，它的功能主要还是做"催化剂""融合剂"。我们要让学生边诵读边理解，即使以后忘了歌谣，也能理解其意义。这已然达到了目的。

把儿童的心理特点与认知规律作为教育教学活动的出发点是以人为本、因材施教的根本所在，"顺口溜"只不过是基于此观念下的教学尝试。有时候我真的渴望自己能变成儿童，哪怕只有一小会儿，这样我就能够真实体验儿童的困惑与愉悦。我也愿我的教学能时时刻刻栖居于儿童美妙的心灵小屋里，让真切的理解和平等的交流在课堂中徜徉。

课堂教学中体验活动有效性的观察与分析

——以《容积和容积单位》教学为例

一、课堂观察的基本情况及学习事实

（一）课堂观察背景

1. 问题的提出及观察目的

新修订的《课标》颁布后，教师们对学生"基本活动经验"的积累愈加重视。课堂中能够积极创设情境让学生在活动中去体验与感悟。

在教学容积单位"升和毫升的认识"过程中，教师一般都会设计一些观察或操作活动，这比起一般的计算教学，体验活动已经算丰富了。但根据我们抽样调查的结果发现，在学习了容积单位"升与毫升"之后，有近60%的被调查者（学生）依然很难凭直觉判断物体到底有多少升（或毫升）。而我们几乎每天的生活中都要接触与升或毫升相关的事物，"升和毫升"是不折不扣的生活数学。学生既有生活经验又有现实需求，缘何未能建立起清晰的"概念"呢？教师设计的体验活动是否有效？如何优化体验活动呢？

2. 教学活动情况介绍

作为观察对象的课堂教学是一节研讨课，由广州市天河区某校教师执教。该教师教学经验比较丰富，有较高的基本素养。此次省骨干教师培训项目中，该教师进入中山市某名师工作室（省教师工作室）跟岗学习一周。跟岗结束后再汇报交流，执教《容积和容积单位》（人教版五年级下册）一课。

（二）观察策略与方法

观察者为某校教科室主任，协助者为工作室两位跟岗学员。主要采用三人分工随堂记录的形式，一人记录课堂中活动事件及持续时间；一人记录每项活动中学生的参与方式及人数；一人统计整节课参与体验0—3次以上各段的人数。

课后回放课堂录像。进行必要的补充，进一步收集或更正数据，调整观察角度，对重点环节进行统计分析。

二、观察与分析

（一）活动基本情况记录与相关数据统计

表1　课堂体验活动基本情况记录表

教学环节	活动任务	用时（分）	活动效果描述
谈话交流		3	
复习导入		3	
新知教学	体验1　认识容积	6	良好
	体验2　毫升的认识	5	一般
	体验3　升的认识	4	低效
	体验4　升和毫升的单位换算	4	一般
	体验5　常见量的认识	3	低效
	体验6　拓展活动	6	一般
巩固练习		4	
课堂小结		2	
合计		40	

表2　课堂体验活动效果情况统计表

体验活动效果	良好	一般	低效	合计
数量	1	3	2	6

表3 课堂体验活动方式及参与器官情况记录表

体验活动内容	体验方式	主要参与体验的感觉器官	次要参与体验的感觉器官
体验1 认识容积	观察触摸	眼、耳	手
体验2 毫升的认识	观察读数	眼、耳、口	手
体验3 升的认识	观察	眼、耳	手
体验4 升和毫升的单位换算	观察计算	眼、耳	手
体验5 常见量的认识	观察	眼、耳	手
体验6 拓展活动	观察操作	手、眼、耳	身体其他部位

表4 课堂体验活动参与器官情况统计表

参与体验感觉器官	手	眼	耳	口	鼻	舌	其他
参与频数	6	6	6	1	0	0	1

表5 课堂体验活动学生参与情况统计表

体验活动内容	直接参与数	间接参与数	游离（未参与）数
体验1 认识容积	6	37	2
体验2 毫升的认识	6	36	3
体验3 升的认识	5	34	6
体验4 升和毫升的单位换算	4	38	3
体验5 常见量的认识	6	33	6
体验6 拓展活动	22	15	8
合计（人次）	49	193	28

表6 课堂体验活动学生高效参与频次及人数统计表

高效参与频次	3次或以上	2次	1次	0次	合计
参与人数	5	7	11	22	45

（二）数据分析与解读

1. 课堂上所进行体验活动的时间分配不合理

各项活动时间差距不大，没有轻重缓急之分，平铺直叙，各种体验活动之间缺乏必要的紧密联系和递进关系。无论是层次或纵深梯度都不明显。

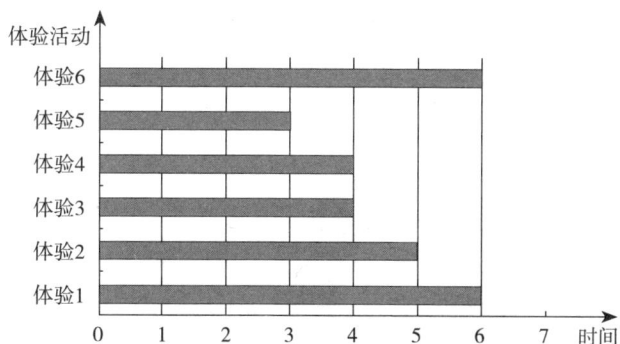

图1　课堂体验活动用时统计图

2. 所进行的体验活动整体上效果不佳

收到良好效果的体验活动只有1项，占活动总项数的16.7%。活动明显低效的占50%。

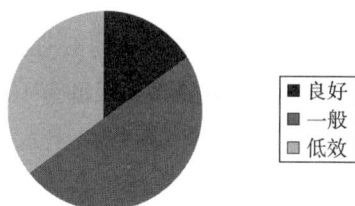

图2　体验活动效果情况统计图

3. 在调动感觉器官参与体验方面没有明显突破

在调动感觉器官参与体验方面，依然停留在传统的"口、眼、耳"等器官的体验。虽然各项体验活动中都有"手"的参与，但真正能动手操作的人数极少，其他同学仍然是"观众"。

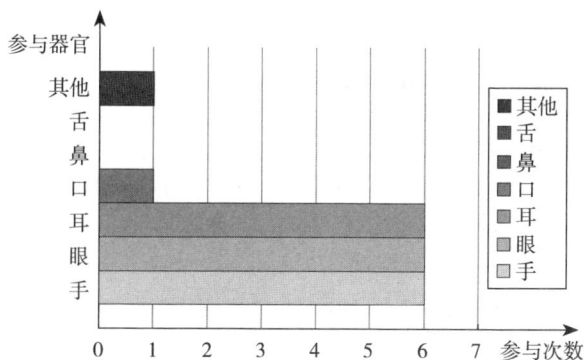

图3　各感觉器官参与情况统计图

4. 学生在大部分体验活动中都属于间接参与

体验活动1—5中，能够直接参与的人数不超过6人。直接参与范围非常小，间接参与的学生很难保证体验效果，或者根本没有体验后的经验积累。

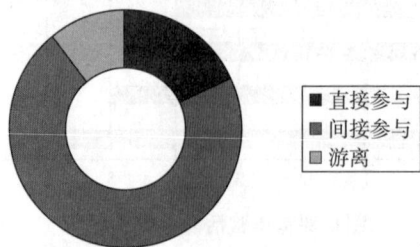

图4 学生参与情况统计图

5. 课堂被"强势"学生抢占"话语权"

通过对学生参与活动频次的记录，我们发现课堂上依然被"强势"学生抢占了大部分"话语权"。3—5名同学整节课都非常活跃，抢占了多次活动参与的机会。而无"直接体验"人数竟然超过50%。

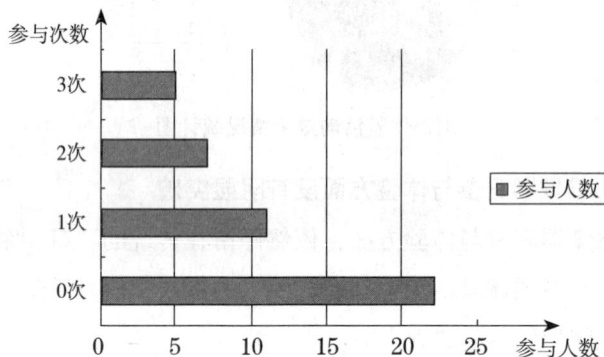

图5 学生参与活动频次情况统计图

综上，本节课所设计的6项"体验活动"大部分"单调、枯燥"。对于比较抽象的升与毫升的概念学习来说，仅仅是这样的体验活动不会收到良好的效果。不能在学生的头脑中真正建立起一个比较清晰的"参照模型"，学生依然缺乏足够直接且有效的体验，难以发展学生的"数感"。

三、提升体验活动有效性的对策及教学建议

如何才能使体验活动更优化？下面结合"升与毫升的认识"体验活动教

学设计建议谈几点想法。

（一）体验活动要注重"三多"

即多感官参与、多角度呈现、多层次设置。

体验活动设计建议一：毫升的认识

师：看看1毫升大约是多少滴？（播放学生课外实践活动的视频。包括观察人在运动后的汗滴；遮阳伞滑落的雨滴；打吊针时的药液滴；未拧紧的水龙头滴下的水滴……）

生：（随着播放的画面不自觉地跟着数）1、2、3…15滴；1、2、3…18滴；1、2、3…20滴……

师：（看了视频后）你们能说说1毫升大约有多少滴液体吗？

生1：20滴左右。

生2：看每滴的大小，小的要20滴，大的要10滴左右。

师：一般情况下，1毫升的液体大约是10到20滴（板书：1毫升）。

师：想不想知道你的小手能盛住1毫升的液体吗？来，小手伸开。对，蜷成一个小碗状。（教师向3—5名同学手中倒上课前准备好的1毫升水。）

师：捧住喽，让其他同学都看看。感受一下这1毫升水重吗？

生：一点都不重。

师：这1毫升的水别浪费，将它倒在花盆里。

（接下来，教师将1毫升水或饮料分别倒入小勺里、水瓶里，甚至是空的文具盒里。让学生观察1毫升的水在不同器皿中的"变形"。）

师：谁想亲自尝一尝这1毫升的水或饮料，体会一下1毫升被喝下去的感觉。

生1：（喝了小勺中1毫升的水）很少啊，一小口，不解渴。

生2：（喝了塑料杯中1毫升的饮料）有点甜，还想喝。

生3：（喝了水杯中1毫升的醋）哇，有点酸！

师：现在闭上眼睛想一想1毫升到底有多少？

师：能说说你们刚才想到了哪些画面吗？

生：略。

体验活动设计建议二：升的认识

师：看看这一升水（量杯中）能倒满几杯（一次性纸杯）？

师：请两名同学到前面来倒倒看。想想你平时渴的时候能喝几杯水，有一升吗？

生：略。

师：（将准备好的四个1升的矿泉水分给四组）每组1升水，几个同学（自愿）倒在小杯里喝，注意数一数你们组一共喝了多少口才把一升水喝完。

生：略。

师：再来看看一升水在不同的容器中是怎样的？

（教师将1升水分别倒入脸盆、饭盒、鱼缸、碗等器皿中，让学生充分观察。）

体验活动设计建议三：毫升和升的关系

师：猜猜多少个这样的水球是1升？（每个封好口的小气球里注入100毫升水。）

生：略。

师：我们来验证一下。（将小水球放入量杯中，刚好放10个。）你得出了什么结论？

生：10个100毫升是1 000毫升，1升等于1 000毫升。

师：谁还能通过其他方法得出这个结论？

生：1毫升=1立方厘米，1升=1立方分米，1立方分米=1 000立方厘米，所以1升=1 000毫升。

在体验活动设计建议一、二中，既有用眼观察，也有用手触摸，还有大口喝水，甚至用舌尖品尝……各种感官都被调动起来，让感知对象通过不同的渠道形成刺激，从而在头脑中建立起丰富的表象。体验活动设计建议一、二中，1毫升（或升）的水被放在不同的容器中呈现，"大小深浅"对比鲜明。这种多角度呈现感知对象的方式使得学生对表象的认识更加立体化。同时，多个体验活动并非简单地堆砌在一起，而是根据学生的学习心理分层次设置。例如，体验活动设计建议一中注重让学生感受"1毫升"的存在，体验活动设计建议二中则注重将"升"进行"分一分",而体验活动设计建议三则重在感受升和毫升的关系。课堂上,多种多样的体验活动梯次进行,连接紧密,张弛有度。在经历如此"三多"的体验活动后,再"闭上眼睛想一想1升(毫升)有多少"时,浮现在学生脑海中的"经验影像"一定是丰富多彩的,似乎随时都能呼之欲出。

(二)教师设计的体验活动还要具备"两有"

即要有梯度又要有深度。

体验活动设计建议四:常见的量的认识

师:生活中1毫升的东西并不常见,而10毫升、300毫升、500毫升的具体事物却经常能见到,比如……

[教师展示双黄连口服液(每支10毫升)、怡宝矿泉水、醋等实物,分发给学生。]

师:(出示几种不同的容器)你能比照这些常见的物品,估计一下这些容器能装下多少毫升(或升)吗?并说说你是怎么想的。

生1:那个圆水槽大约可以放5瓶这样的矿泉水,应该能装下1 500毫升。

生2:那个盒子大概能放下10支口服液,估计能装下100毫升。

……

体验活动设计建议五:猜一猜

师:注意看老师左手的一瓶矿泉水标注为200毫升。你能猜猜我右手的这瓶能容纳多少毫升水吗?说说你的想法。

生1:大约400毫升吧,因为它比200毫升的那一瓶高了近一倍。

生2:也就300毫升,虽然高了一倍,但比它细了好多,肯定没到400毫升。

……

体验活动设计建议六:合作探究活动

师:每小组都有一瓶600毫升的矿泉水,还有大小相同的4个一次性水杯。小组合作倒出任务条所要求的量,并汇报你的想法。

(任务1—任务4,分别要求学生倒出100毫升、150毫升、200毫升、300毫升。)

不同的体验活动之间不能是"水平"的,要设计必要的梯度,由浅入深，由表及里，由一般再到特殊。"认识毫升和升"不能仅局限于认识了基本的计量单位升和毫升，还要以基本计量单位的认知为基础进一步认识生活中常见的升和毫升。体验活动设计建议四的设计就是为了通过两个梯次的"体验"活动，在学生头脑中建立起比较牢固的感知。有了这样的体验之后，学生才能形成判断物体容积或体积的基本经验，建立起一个个清晰的"参照"，在以后的学习和生活中才能够准确地判断容积或体积的大小。

学生到底应该怎样体验？感受多深才算可以呢？我们肯定没有什么标准能规范到所有的体验活动。但是，每一次的体验活动一定不能"蜻蜓点水"，一定要有深度的拓展才行。体验活动设计建议三中的认识升、毫升到探究升和毫升的换算，都体现出了深度的进一步加强。除了不同体验活动之间深度的递进关系外，每个独立的体验活动也应在深度上进行挖掘。比如，体验活动设计建议五"猜一猜"，不仅是对升和毫升的认识，还是对圆柱体体积的计算及分数除法运算等知识的综合应用。体验活动设计建议六"合作探究活动"，它突破了"一种任务多组重复"的活动方式，让不同的小组带着不同的任务进行探究，而且解决问题的途径是开放的，方法也是多样的。这一探究活动具有一定的难度，的的确确需要多人"合作"。像上面这些体验就可以说是有"深度"，这种有深度的"思维着的体验"更有数学味，更有价值。

（三）体验活动还需"两个务必"

即务必使数学贴近生活，务必让学生直接参与。

学生直接参与的活动比起作为旁观者来讲，哪一种体验更深？显然是前者。诚然，不是每次活动都能让所有人直接参与其中，必然会有一部分人是"间接参与"。但我们仍然要尽可能地让学生都有直接参与的机会，否则"经验"的牢固程度将大打折扣。比如，体验活动设计建议一中，课堂上有的学生亲自"尝了尝"，有的学生亲自"摸了摸"，有的学生参与了操作，有的学生参与了纪录。必然还有没参与上的同学，那就让他们在课外参与，以录像或口头汇报等方式在课堂上呈现。在体验活动设计建议一中，第一个环节"看看1毫升大约有多少滴"就是让学生在课外直接参与的一类活动。这些活动的效果不亚于课堂上的体验，有时甚至强于课堂体验。

我们常常讲"数学生活化"，数学活动应该更贴近生活。但是要注意，这里所说的生活是谁的生活，不能只是老师的生活，必须是师生共同的生活，而且要以学生的生活为主。有的老师在设计体验活动时，课前到超市选购了丰富多样的物品，课堂上分发给学生探究操作。但这是教师的"生活"，学生未必买账。如果能让学生在课前深入自己的生活中，去寻找身边的"升和毫升"，然后再在课堂上展示出来，想必活动效果一定会更好。因为是自己的生活，体验起来会更熟悉、更有趣，体验也就更有效，感悟则更深入，经验积累更扎实。

综合数感：多维视角下数学核心
素养的辨析及定位

　　"当今世界各国教育都在聚焦对于人的核心素养的培养。"[1]国际上核心素养研究影响较大的几个组织或国家包括"经合组织""欧盟""美国、日本、新加坡"等。被视为"课程发展DNA"的"核心素养"无疑是我国教育领域当前最为关注的热点，且已成为引领课程教材改革、教学方式变革、教师专业发展、教学质量评价等教育活动的上位概念。[2]随着教育部颁发《关于全面深化课程改革落实立德树人根本任务的意见》，国内关于核心素养的研究如火如荼，走在前沿的包括林崇德教授领衔的北师大的课题组，顾明远、史宁中、褚宏启等知名的教育专家，以及东北师大、华东师大等众多高校研究机构等都参与了进来。但截至目前，国内关于核心素养的研究尚未形成定论。作为素养培育落脚点的学科核心素养还没有形成广为认可的模式或框架。关于数学学科核心素养方面的研究也是多种观点并行且争议较大。因此，我认为，在此次具有划时代意义的教育变革浪潮中，基层教育工作者不能只是被动接受专家认定的"标准"机械地执行，更不能沉默甚至懈怠，应该充分发挥自身一线经验丰富的优势，充分挖掘教学实践的资源，主动探索，"审名以定位，明分以辨类"（韩非子），对"核心素养"加以辨析和界定，抛砖引玉，为众多理论研究者及教育专家提供参考与借鉴。

一、对当前关于数学核心素养的界定及其表述的困惑

核心素养最终要落实到各个学科，具体地研究数学核心素养是数学教育者的共同任务。每个学科都要落实能彰显学科本质以及独特育人价值的核心素养。数学核心素养的提出不仅是对数学教育意义和价值的深度探索，更是将来数学课程开发以及学生适应社会生活的素质培养的依据。[3]

（一）对"核心素养"概念的界定及梳理

对"核心素养"概念的准确界定是研究数学核心素养的前提。《人民教育》刊载的文章对核心素养进行了比较简洁的定义。文中指出：不同于一般意义的"素养"概念，核心素养是指学生应具备的适应终身发展和社会发展需要的必备品格和关键能力。[4]也有学者提出："核心素养指的就是那些一经习得便与个体生活、生命不可剥离，并且具有较高的稳定性以及有可能伴随一生的素养，其根本特质不在于量的积累，而在于生命个体品质与气质的变化和提升。"[5]而史宁中教授认为："学生核心素养的培养，最终要落在学科核心素养的培育上。所谓学科核心素养，就是指学科的思维品质和关键能力。"[6]曹培英老师提出学科核心素养必须同时满足以下三个特征：其一，必须体现学科本质。其二，必须具有普适性意义。其三，必须承载不可替代的学科育人价值。[7]

（二）关于"数学核心素养"比较权威的几种描述

什么是"数学素养"？什么是"数学核心素养"？牛津学习中心指出，数学素养包括解决真实世界问题、推理和分析信息的能力，是一种理解数学语言的能力，该描述明确地说明数学素养就是"综合能力"。PISA（2012）认为："数学素养是个体在各种情况下形成、使用、诠释数学的能力，它包括数学推理、使用数学的概念、过程、事实和工具，来描述、解释、预测现象；它能帮助作为一个创新、积极和善于反思的公民认识数学在世界中所扮演的角色，并做出良好的判断和决定，具体包括数学交流、数学表述、符号使用、数学思维和推理、数学论证、建立模型、提出和解决问题、使用辅助工具和技术八大能力。"[8]马云鹏教授这样下定义："数学核心素养是数学学习者在学习数学或学习数学某一个领域所应达成的综合性能力。数学核

心素养是数学教与学的过程中应当特别关注的基本素养。"[9]

数学核心素养具体有哪些组成要素？张奠宙先生把数学的核心素养分为"真、善、美"三个维度。"真"是指理解理性数学文明的文化价值，体会数学真理的严谨性和精确性；"善"是指用数学思想方法分析、解决实际问题的基本能力；"美"是指喜欢数学、热爱数学，并能够欣赏数学之美。[10]张奠宙先生所提出的"核心素养"是学生数学素养培育发展的三个方向，是学生数学素养的最高要求或是理想状态。也有学者主张，数学核心素养就是高中数学课程标准里拟定的六个素养，分别是抽象能力、逻辑推理与交流、建模能力与反思、运算能力、几何直观和空间想象、数据分析与知识获取。不难发现，这六项分别对应十个核心词中的"推理能力、模型思想、运算能力、几何直观、空间观念"，外加一项"抽象"。华中师范大学孙成成、胡典顺两位教授则根据张奠宙先生的"真、善、美"三维说，构造出数学核心素养独特的模型——素养魔方。其中六大核心素养相当于素养魔方的六个面。[11]

马云鹏教授认为，《义务教育数学课程标准（2011年版）》已明确提出10个核心素养，即数感、符号意识、空间观念、几何直观、数据分析观念、运算能力、推理能力、模型思想、应用意识和创新意识。在一些解读材料中，曾把这些表述成为核心概念，但从严格意义上讲，把这些表述成为概念并不合适，因为它们是思想、方法或者关于数学的整体理解与把握，是学生数学素养的表现。[12]对此，南京大学郑毓信教授认为，将数学核心素养简单地等同于核心概念，所有相关工作除去纯粹的重新命名就不再具有任何真正的价值。[13]

曹培英老师提出了一个三棱台型的核心素养构架。该框架由两个层面、六项素养组成。两个层面包括：数学思想方法层面、数学内容领域层面。六项要素包括：抽象（符号意识）、模型（应用意识）、推理、空间观念（几何直观）、数据分析观念、运算能力（数感）。[14]这六项要素都处于核心地位吗？有没有核心中的核心呢？曹培英老师在另外一篇文章中则提出，"抽象"能否成为小学数学学科的核心素养？曹老师认为："从学科的角度来看，抽象是数学的特性之一。抽象对于数学学科的建立与发展来说，都是不可须臾或缺的。可以毫不夸张地说，没有抽象就没有数学的研究对象。同样，数学的推理、数学的应用，也都离不开抽象。这是大家的共识，无须论证。"[15]

苏州市教育科学研究院数学教研员刘晓萍老师在与苏州市阳山实验小学陈六一老师，经过大量的文献分析及广泛的问卷调查分析，最终推断出小学数学核心素养的构成要素为：数学人文、数学意识、数学思想。他们推断的依据是对照《课程标准》的总目标，将总目标分解后的"知识与技能""数学思考""问题解决""情感态度"进行重构。将总目标第一条分解出"数学思想"，剩下的"三基"加上第二条和"知识技能""数学思考""问题解决"三个方面归结为"数学意识"，其第三条和"情感态度"方面概括为"数学人文"。[16]笔者非常赞同上述"三条"为核心素养应具备的特性，但如果说核心素养就是"数学人文、数学意识、数学思想"则不敢苟同。能否这样认为，上述三个词语，是指出数学教育应重点关注的三个领域，或者是数学素养培养目标达成的三个基本载体呢？

二、基于多维视角对数学核心素养辨析

当前对于数学核心素养的认识与界定，主要还是以"平行视角"为主。这必然会导致每一项都觉得重要，但又没办法区分哪一项更重要。其实我们不妨转换一下思考方式，变单一的"平行视角"为"多维视角"，这样也许可以"抽丝剥茧"，找到真正的"核心"。所谓的"多维视角"，就是在"平行视角"的基础上，再增加两个维度的视角：第一是"系统法"分析视角；第二是"二分法"分析视角。

（一）基于"系统法"视角的梳理与辨析

"系统法"是把对象作为系统进行定量化、模型化和择优化研究的科学方法。其根本特征在于从系统的整体性出发，把握部分与整体的辩证关系，科学地把握系统，达到整体优化，是对事物系统的综合考虑。21世纪人所应具备的各项"素养"显然不能以并列式或简单的叠加式呈现。应采用"系统法"进行分析，构造科学的模型，以体系化的方式呈现。我认为，"素养"的架构模式可分为以下几种类型：

1. 双翼式结构

根据促进发展对象的不同可以把"素养"划分为个体性素养和社会性素养。促进人自身发展的素养可以称为个体性素养；促进社会发展的素养可以称为社会性素养。比如，数学基本素养中的"抽象""推理"等偏重于个体性素养；而"应用意识""创新意识"等则偏重于社会性素养。该结构模型相对简单，如图1所示：

图1 个体性素养和社会性素养的结构模型

根据素养的属性及素养与学科间关系紧密程度的区别，可以把"素养"划分为学科性素养及共通性素养。共通性素养是人发展的必备品格或关键能力，但其学科性不明显，它是各个学科各种教育情境既不能无视又不必然归属的素养。而学科性素养则具有鲜明的学科特性，专业色彩浓厚，所属学科具有其他学科不能代替的载体及途径的功用。比如，"几何直观""数感"就是比较明显的学科性素养，而"创新意识"就应该为共通性素养。其结构模型如图2所示：

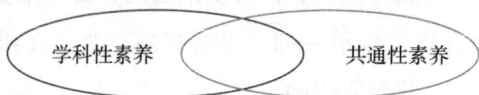

图2 学科性素养及共通性素养的结构模型

2. 蜂巢式结构

根据素养项性质及相互之间的关联，可以分为核心素养和一般类素养。同类型素养彼此紧密相关，互相依托。不同类的素养项都围绕于核心素养。比如，数学中的"抽象""推理"与"模型思想"就属于紧密相连的同一类素养；"数感"和"符号意识"也属于同一类素养。其结构模型如图3所示：

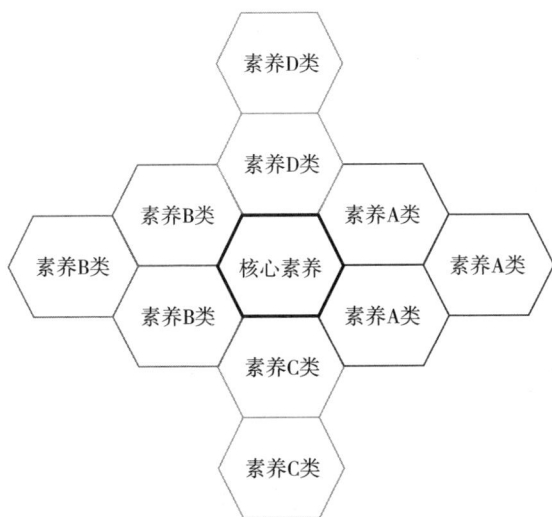

图3 核心素养和一般类素养的结构模型

3. 大眼睛式结构

根据不同素养项在体系中的地位作用、内在的关联性、发展的层级及获得的难易程度可以将其分为"核心素养、基本素养、高阶素养"。比如，数学中的"运算能力""应用意识"都应属于基本素养；"模型思想""数据分析能力""创新意识"则应属于高阶素养。其结构模型如图4所示：

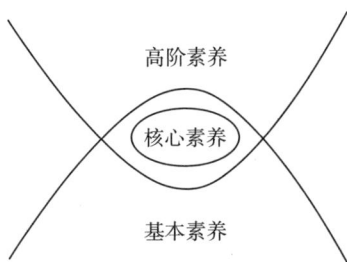

图4 核心素养、基本素养、高阶素养的结构模型

4. 花瓣式结构

某一学科众多的素养项在促进人的发展及社会发展方面的作用及意义都不尽相同。学生获得这些素养的进程也不会是平行推进的，教师根据不同素养项的发展需求所确定的教学目标及教学方式也会严格区分并有针对性地实施。根据各素养项在促进发展方面的作用可以分为"核心素养、基础素养、特殊素养（或专业素养）、强力素养、前瞻素养"，如数学素养中的"创新意识""数据分析"因其具有面向未来的重要意义，所以"前瞻性"较为突出；而"几何直观"则是数学学科中比较具有代表性的素养项，是数学学科特有的素养之一，因此称为"特殊素养"；"运算能力"和"应用意识"奠基作用明显，可被划分为"基础素养"；"抽象""模型思想"是比较"难啃的骨头"，需要很强的学力，应为"强力素养"。同时，这些素养项也是数学强大作用的主要体现。当然，学生在这些素养项上会拉开较大的差距。其结构模型如图5所示：

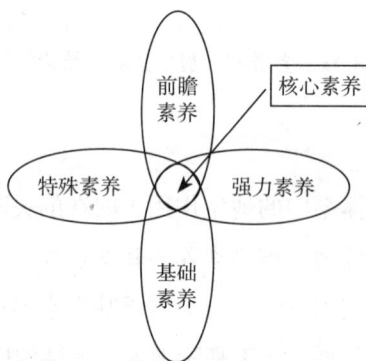

图5 核心素养、基础素养、特殊素养、强力素养、前瞻素养的结构模型

（二）基于"二分法"视角的梳理与辨析

"二分法"是一种认识事物的辩证方法，是在"一分为二"观点的指导下认识事物的方法。[17]对"二分法"通俗的理解其实就是一种通过不断排除不可能的东西，最终找到需要的东西的一种方法，所以可以理解成"排除法"。按此逻辑，在"学科素养"中既应该有处于核心地位的"核心素养"，又应该有处于非核心地位的"非核心素养"。以"二分法"逐步排除"非核心素养"，那么最后剩下的应该就是处于核心地位的素养——核心素养。

经过文献整理，我认为目前被广泛接受的数学素养应该包括以下几种观点：十个核心词演变而来的十项素养（马云鹏）；三棱台六项要素，即：抽象（符号意识）、模型（应用意识）、推理、空间观念（几何直观）、数据分析观念、运算能力（数感）（曹培英）；解决真实世界问题、推理和分析信息的能力（牛津）；抽象能力、逻辑推理与交流、建模能力与反思、运算能力、几何直观和空间想象、数据分析与知识获取（高中课标）。其中牛津的"解决真实世界问题、推理和分析信息的能力"分别对应十个核心词中的"模型、推理、数据分析观念"。高中课标研究得出的六项数学素养分别对应十个核心词中的"推理能力、模型思想、运算能力、几何直观、空间观念"，外加一项"抽象"。

合并同类后，公认的数学素养应该就是"十个核心词+抽象"，一共十一个素养项。如果把这十一项都作为数学核心素养显然会过于分散且"臃肿"，必须进行"瘦身"，根据"二分法"逐步排除，从而科学地进行"求核"。

首先排除的是不受专业课程局限的、超越学科功能的素养项，也就是"共通性素养"，包括创新意识、应用意识。《课标》（2011年版）指出"在整个数学教育过程中都应该培养学生的应用意识"。应用意识不是只有数学教育才可培养，任何学科都应该注重"学以致用"。而"创新意识"更是超越学科、超越任何教育时段。尽管《课标》（2011年版）在解释"创新意识"时强调"创新意识的培养应该从义务教育阶段做起，贯穿数学教育的始终"，但是，数学学科在培养学生创新意识方面更本质的作用依然还只是一种载体。因此，作为"共通性素养"的"应用意识""创新意识"必然不能算作数学学科的"核心"。

"模型思想"是否就是"核心"呢？《课标》（2011年版）对"模型思想"的解释是"模型思想的建立是学生体会和理解数学与外部世界联系的基本途径"。建立和求解模型的过程包括：从现实生活或具体情境中抽象出数学问题，用数学符号建立方程、不等式、函数等表示数学问题中的数量关系和变化规律，求出结果并讨论结果的意义。这些内容的学习有助于学生初步形成模型思想，提高其学习数学的兴趣和应用意识。[18] 模型思想并非独立的数学知识板块，可以说是贯穿数学学习始终，但对于人的培养结果来讲模型思想并非是数学学习的最终目标。模型思想的培养和形成其实是综合了各项数学领域或者数学素养。其"与外部世界联系的基本途径"的特性其实就是"应用意识"的培养;"具体情境中抽象出数学问题"说明其门槛是"抽象";"用数学符号"就是要培养"符号意识";"建立方程、不等式、函数""数量关系""结果意义"等关键词则表明其对"数感"培养的要求。经过上述解构,"模型思想"就被分解到"应用意识""抽象""符号意识""数感"等素养项中。除非分解后的素养项最后被界定为核心素养,否则,"模型思想"就不能居于"核心"地位了。

在对"模型思想"进行辨析时采用了"分解"的方法,其他几项数学素养还可以再结合另一种方法进行分析,这种方法可称为"化归",或者说是"合并转化重组"。

比如"几何直观",《课标》(2011年版)解释为"主要利用图形描述和分析问题"。如果我们把几何图形看作一种"特殊的数学符号",那么,几何直观其实就是"符号意识"。同理,"空间观念"是"根据物体特征抽象出几何图形,根据几何图形描述现实问题"。说到底,空间观念也是一种数学式的空间感悟。因其借助的是"几何图形",所以也可以将其归为"符号意识"一类,但是其"抽象""推理"的特性还是不能忽视。也就是说空间观念可以分解到"符号意识""抽象""推理"三个素养项中。

再看"数据分析""运算能力""推理能力""数感"之间的关系。大多数人可能对"数感"的认识有所偏颇,错误地把"数感"与"数字感"等同了。《课标》(2011年版)的解释是:"数感主要是指关于数与数量、数量关系、运算结果估计等方面的感悟。建立数感有助于学生理解现实生活中数的意义,理解或表述具体情境中的数量关系。"显然,"数感"所涵盖的意义要远超"数与计算"。而"运算能力"主要是指能够根据法则和运算律正确进行运算的能力。对"数感"素养解析的关键词"数与数量、数量关系、运算"不就是"运算能力"吗?类似的,"推理能力"所强调的"借助数学基本思维方式推断某些结果,或通过数学法则等进行证明和计算"等都是"数感"素养或者"符号意识"素养的直接体现。数学推理最终要落在数或运算符号上,以数学特有的符号简明地反映逻辑思考的过程,数或符号使用的同时能促进推理能力的提升。因此，推理能力也可以归为"数感"一项。"数据分析观念"是指"收集现实生活中的数据并进行分析判断，发现规律或解决现实问题"。数据分析虽然属于统计与概率范畴，是统计的核心，但说到底也是对"数"的分析。无论如何"数据"总是"数"，对数据的收集认识理解分析都是对"数"的认识和感悟，何尝不是"数感"呢？至此，"数据分析""运算能力""推理能力"都可以归为"数感"一项，只不过这时候"数感"的含义更加丰富、更为立体了。

那么"数感"与"符号意识"又有什么关联呢？《课标》（2011年版）对"符号意识"的解释是："主要是指能够理解并运用符号表示数、数量关系和变化规律；使用符号进行运算和推理；符号的使用是数学表达和数学思考的重要形式。"把这一解释与"数感"的解释进行对照，不难得出，"符号意识"中的"符号"只是工具或手段，真正的用意是"表示数、数量关系和变化规律"，是要进行"运算和推理"。这不就是"数感"所担负的主要"责任"吗？其实，如果把"数字"也看作一种特殊的数学符号，那么"数感"就是"符号感"。"符号"在这里必须具有"数学意味"，因此，用"数感"统领二者更为合适。

经过上面的分解、化归，十一个素养项已经排除了九项，只剩下"数感"与"抽象"两项了。只有两项处于学科核心地位自然无可厚非。但是，这两项并非彼此"独立"，而是有着千丝万缕的联系，甚至可以整合为一项。数学中对于抽象的表达，主要是通过数字或数学特征鲜明的符号，抽象就是对"数与形"的抽象。因此，抽象也是人对数字或符号的特殊感悟能力。所以，抽象也可以归到"数感"和"符号感"合并延展后的"新数感"项中。

由此得出结论，数学中处于核心地位的素养是——数感，也可以说"数感"是数学学科的核心素养。推论至此，不禁让人产生有一种返璞归真的感觉。综合"蜂巢式"及"花瓣式"结构模型，构建形如"飞行器"式数学学科素养模型，如图6所示：

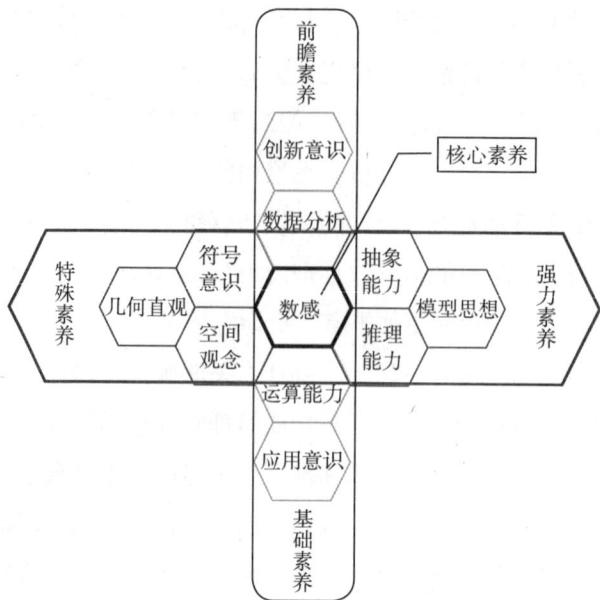

图6 "飞行器"式数学学科素养模型

三、与时俱进，从"数感"到"综合数感"

（一）数学综合感悟力（综合数感）足以担当"学科核心素养"之重

事物总是要发展变化的，数学学习的价值观与人才观也要与时俱进。虽然在前文的论述中已经得出"处于数学学科核心地位的素养是——数感"的结论，但是不同于原来"十个核心词"的提出背景，现在是基于"核心素养"的语境下，原含义的"数感"的确有些难以担当新时期的"重担"，可能这也是众多研究者之所以没有把数学核心素养之名委以它的原因之一。但这不是"数感"本身的错，只是在"十个核心词"的语境下，"数感"根本不需要承载过多，但"数感"本身从没将"对数与数量及符号"以外的更广泛的数学感悟排除在外。我学习借鉴了张奠宙先生的"真、善、美"论述，在原"数感"的基础上进行了拓展延伸，提出了"新数感"的概念，将"数学综合数感"简称为"综合数感"。对"综合数感"的阐释如下：综合数感主要是指"通过对数（符号）与数量、数量关系、空间几何、运算结果估计等方面的感悟，提升用数学思想方法分析、解决实际问题的基本能力，增强应用意识及创新意识，促进学生理解数学文化价值，体会数学的严谨性和精确性，进而能够喜欢数学、热爱数学，欣赏数学之美"。

以曹培英老师提出的核心素养"辨别标准"来看，无论是原"数感"还是新"数感"（数学综合感悟力），都必然地反映了数学学科的本质。如果缺少了"数感"这一根本要素，数学学科还能称为"数学"吗？任何人的数学学习都不可以无视"数感"的重要性。"数感"不是针对数学专业人才的特殊需求，而是所有人都应具备的共同素养，它具有普适性意义。对"数感"的教与学过程，承载着不可替代的学科育人价值。其他学科中也会有关于"数感"的培育要求，但是，毫无疑问，数学学科中的"数感"培育具有其他任何学科无法企及的优势。当"数感"拓展为"综合数感"后，其内涵更加深厚，承载力更强，足以担当起"核心"之重。

（二）"感悟"是"综合数感"素养形成的不二法门

马云鹏教授认为，数学核心素养可以理解为学生学习数学应当达成的具有特定意义的综合能力。核心素养基于数学知识技能，又高于具体的数学知识技能，它反映了数学本质与数学思想，是在数学活动过程中形成的，具有综合性、阶段性、持久性。[19]史宁中教授认为，素养的形成，不是依赖单纯的课堂教学，而是依赖学生参与其中的数学活动；不是依赖记忆与理解，而是依赖感悟与思维。基于核心素养的教学，要求教师要抓住知识的本质，创设合适的教学情境，启发学生思考，让学生在掌握所学知识技能的同时，感悟知识的本质，积累思维和实践的经验，形成和发展核心素养。我们要在教学中引导学生感悟知识本质。特别是低年段的学生还不具备抽象的能力，他们思考问题非常具体，这时教师就必须有的放矢地引导学生去感悟，而不仅仅是让其单纯地记忆。[20]"综合数感"素养的培养注重的是"综合性"，强调的是"感悟"，感悟力的强弱是素养水平的最直接体现。可以说，"感悟"是"综合数感"素养形成的不二法门。

从本质上讲，关注学生核心素养的形成与发展，就是要关注面向未来教育要培养怎样的人。[21]以"综合数感"为数学学科核心素养的数学教育期待培养这样的21世纪人，即"能借助数学这个工具解决现实问题，以数学的方式进行深层次思考，通过数学学习感悟生活，用'数学的眼睛'去审视世界和未来"。

📖 参考文献

[1] 顾明远.核心素养：课程改革的原动力 [J].人民教育，2015（13）：17—18.

[2] 孙成成，胡典顺.数学核心素养：历程、模型及发展路径 [J].教育探索，2016（12）：27.

[3] [11] 孙成成，胡典顺.数学核心素养：历程、模型及发展路径 [J].教育探索，2016（12）：27—30.

[4] 人民教育编辑部.核心素养：重构未来教育图景 [J].人民教育，2015（7）：1.

[5] 王红.放慢知识的脚步，回到核心基础 [J].人民教育，2015（7）：18—21.

[6] [20] 史宁中.学科核心素养的培养与教学——以数学核心素养的培养为例 [J].中小学管理，2017（1）：35—37.

[7] 曹培英.小学数学课程核心词演变的回顾、反思与展望 [J].小学数学教师，2015（11）.

[8] 李星云.论小学数学核心素养构建——基于PISA（2012）的视角 [J].课程·教材·教法，2016（5）：72—77.

[9] 马云鹏.关于数学核心素养的几个问题 [J].课程.教材.教法，2015（9）：36—39.

[10] 洪燕君，周九诗，王尚志，等.普通高中数学课程标准（修订稿）的征求意见征询——访谈张奠宙先生 [J].数学教育学报，2015（3）：35—39.

[12] 马云鹏，张春莉.数学教育评价 [M].北京：高等教育出版社，2003：199.

[13] 郑毓信.数学教育视角下的"核心素养".数学教育学报 [J]，2016（03）：1—5.

[14] 曹培英.小学数学学科核心素养及其培育的基本途径 [J].课程·教材·教法，2017（2）：74—79.

［15］曹培英.“抽象”能否成为小学数学学科的核心素养［J］.小学数学教师，2016（7，8）：15—20.

［16］陈六一，刘晓萍.小学数学核心素养要素分析与界定反思［J］.中小学教师培训，2016（05）：57—60.

［17］廖盖隆.马克思主义百科要览［M］.北京：人民日报出版社，1993.

［18］中华人民共和国教育部.义务教育数学课程标准［M］.北京：北京师范大学出版社，2012.

［19］马云鹏.关于数学核心素养的几个问题［J］.课程·教材·教法，2015（9）：36—39.

［21］林崇德.学生发展核心素养：面向未来应该培养怎样的人［J］.中国教育学刊，2016（06）.

小学数学教学中"数感"培养策略举隅

我们通常认为数学是一门讲求逻辑严密的学科。但是小平邦彦，这位菲尔兹奖、沃尔夫奖、日本文化勋章得主的当代著名数学家，认为"虽然数学要遵循逻辑，但数学在本质上与逻辑不同"。[1]他笃定，数学是一门需要敏锐感觉的学问。数学理解要凭借数感，要从感觉上把握数学现象。"正如乐感不好的人无法理解音乐，数感不好的人同样无法理解数学。"[2]这和我们一直以来对数学学习的基本认识不同。以往我们倾向于只要通过努力教学数学的逻辑，再通过反复的练习，学生就能掌握数学。如果学生学习成绩不理想，我们就会怀疑自己的教学方式、方法是否有效，并希望通过改进教学及加大练习强度来促进学生数学水平的提升。但是，如果数学学习更依靠"数感"而不是学科知识体系内在的逻辑，那么，我们的教学重心就要调整了！相信赞同小平邦彦的数学老师应该不少。我们在教学中也的确有过这样的"闪念"，只不过碍于可能会给学生"贴标签"，所以不愿"直视"问题。小平邦彦甚至深信那些在数学上有所成就的人都是因为"数感"得到了良好的发展。他认为"数学家对于'数感'并不自知，'数感'应该是人类进化过程尚未被开发的感觉"。[3]从这一点上来讲，"数感"的重要性就不仅仅是学好数学了，而是关系到人类自身的进步，关乎人脑的开发与进化。在小学阶段，教师建立起对"数感"的正确认识必然有助于提升学生数学思维能力，继而培养并发展学生数学核心素养。那么，在小学数学教学中该如何发展学生的数感呢？本文试图以"乘法的初步认识"为例，阐述笔者对于数感发展的认识，并提出相应的教学策略。

一、发展"数感"是计算教学的主要目标

"数感"一词在"义务教育数学课程标准"中被解读为"关于数与数量、数量关系、运算结果估计等方面的感悟"[4]。英国教育家茱莉亚·安吉莱瑞指出："数感指的是一个人对数字和运算的一般理解力，以及灵活应用这种理解力的倾向和能力，用这种方式可以做出明智的数学判断，并开发出应用数字和运算法则的有效策略。"（Mcintosh等，1992）[5] 由此可见，相对于其他知识板块，与"数感"关联最为紧密的应是计算教学部分。"数感"的发展与运算能力的提升是相互促进的：一方面，运算能力的发展标志着"数感"的增强；另一方面，"数感"的形成是计算教学的基础，发展"数感"必然会促进运算能力的提升。"数感"的培养与发展毫无疑问是计算教学的主要目标。有学者甚至认为，包括小学阶段在内的初等教育阶段的数学教学都不是为了片面地讲授数学各个领域的知识，而是为了培养数学思考能力和"数感"。21世纪的生活所必需的技能和理解力之一就是对数字模式和数字关系的辨认，这些模式和关系是数字运算的重点。目前，已有多个国家基于这一认识开展数学课程改革。在全球课程改革中，美国学校数学课程与评估标准（NCTM，1989）和全澳学校声明（AEC，1991）最为典型，它们都把培养学生形成"数感"作为学校课程教学主要目标。认为"数感"意味着计算策略中的"灵活性"和"创造性"。（Mcintosh，1992）[6]

二、"乘法的认识"教学中发展"数感"的基本策略

（一）延展"乘法"认识视阈

教者对教学内容的认识视阈，决定学生可能理解的程度及"数感"发展的深度、广度及敏锐性。过去我们常说"要想给学生一碗水，教师必须要有一桶水"，以单纯的知识教学和能力发展的角度来看，这一描述并不为过。在"乘法的认识"教学活动开展前，教者有必要下功夫，尽可能地延展自己对此内容的认识视阈。那么，打开视野之后再去审视"乘法"，可以看到哪

些层面呢?

1. "乘法"是"求几个相同加数的和的简便运算"

这是我们最为基本的一个认识。这一个"说法"至少传递了三个信息,一是,乘法实际上就是一种特殊的加法;二是,乘法是一种简便运算的形式;三是,多个相同加数求和就可以用乘法计算。在这种对乘法的"感知"中,乘法可以理解为加法计算的一种特定模型,或者说是加法的一种快捷计算方式,可以作为反复做加法的一个简短的缩写形式。也可以理解为一种自动化的计算程序,其"效率"就如同使用算盘等计算工具一样。由此拓展开来,乘法在自然数域、整数域、有理数域、实数域乃至虚数域都被赋予了不同的运算意义。

2. "乘法"用来表示一个数量多次"复制"的结果

这一理解已经突破了"加法结构"的认识,将有助于学生理解"倍"的概念。

3. "乘法"是矩形面积的求积方式

这种理解可以帮助学生建立乘法结构的直观表象。有研究表明,乘法就是为了矩形面积求积而"诞生",并非是"加法"直接"升华"。

4. "乘法"就是因变量与几个自变量的正比关系

这是代数思维的认识,对中学阶段学生学习函数有一定帮助。

5. "乘法"是一种概率问题的解答模式

如"乘法原理"类问题、"搭配"问题、"排列组合"问题等。

6. "乘法"是加法的量变导致的质变结果

这是从哲学角度解析"乘法"。

(二)注重纵横关联,发展数感的广度

《数学学习的心理基础与过程》一书中转述了格里尔(Greer,1992)等学者的教学主张,认为"算术运算教学应该关联到不同情境。教师应该聚集在如何有组织地布置不同类型的文字题,儿童经过真正的解题、建构与发展有意义的运算与解题策略,逐步建构运算意义"。[7]我想,"关联"可能是"数感"强弱最为关键的体现了。"关联"既包括横向的,即多种应用情境的互相关联;也包括纵向的,即新旧知识的关联。关联程度越强、角度越开放，说明发散思维能力就越强。

1. 建立新旧知识的关联

茱莉亚·安吉莱瑞试图辨别出"数感"的典型特征，她强调"孩子们具有数感的典型特征是他们能对所遇到的数字模式和计算过程做出归纳，并能把新知识和已有知识相联系"。（Mcintosh等，1992）[8]在"乘法的初步认识"教学中，很多教师会不自觉地忽视加法的计算过程，认为学生已经不需要具体的"计算"了，如"5+5+5"，加法的计算过程一般为：先算前两个"5"相加得到"10"，再和第三个"5"相加得到15。切莫因为"多数"孩子能够"脱口而出"就忽略了这一个"连续加"的思考过程。在认识"乘法"的初始阶段，教师非常有必要让孩子们思考并且要准确表达这一过程，以期后续对乘法进行"转化"，并形成新概念的"凝聚"。郑毓信教授在《数学思维与小学数学》一书中这样阐释：所谓"凝聚"，笼统地说，就是由"过程"向"对象"的转化。就心理表征而言，是由一个包含多个运作过程凝聚成了单一的数学对象。[9]

2. 建立多样化的现实情境关联

教学中还要设置多样化情境，以期建立多种情境之间的关联，丰富学生的乘法认知结构。那么，乘法有哪些现实的情境模型呢？

格里尔区分了应用整数乘法的四种主要情境：等组，倍数比较（比率系数），矩形队列，笛卡尔积。上述每种情境都可以用特定的方式对学生进行提问，在某种程度上，它们分别指向重复集合、多一对应、多行多列以及交叉对应。[10]与此类似，刘加霞在《作为模型的乘法——对数学概念多元表征的思考》一文中，借鉴福赖登塔尔、格里尔等人的研究，也概括了乘法的几种现实情境模型，包括：等量组聚集、矩形模型、映射模型、配对模型、倍数模型以及其他几种现实模型。[11]以下是我根据该文进行的分类并举例。

（1）等量组聚集。即我们通常所说的"相同数连续加"或"求几个几的和"，这一类现实情境比比皆是。但在情境创设时要突出"聚集"，不能生硬地"求和"，尽可能避免无具体情境的枯燥算式，如"3+3+3+3+3"，这不会让学生产生任何有益的思考，即使他们能熟练计算也意义不大。但下面这样的例子就会促进学生动脑筋去"构造画面"，也就是在其头脑里

"演"一遍。教师也可以借助"图示"或课件演示，如每个学习小组有5名小朋友，当一组中的同学全部完成学习任务后会端正坐好。现在有一组小朋友完成了任务，接着另一组小朋友也完成了任务，最后又有两组完成了，那么已经完成任务的各个小组共有多少小朋友呢？

（2）矩形模型。例如，"计算宽4厘米、长5厘米的长方形面积"，可以结合"格子图"直观演示。即4排小正方形，每排5个，每个1平方厘米。这个长方形面积就是5×4=20（平方厘米）。

（3）映射模型。一般是"多一映射"。例如，一只猫有4只爪子，5只猫有多少只爪子？列算式为5×4=20（只）。

（4）配对模型。例如，有4件上衣，5件裤子，能搭配多少套衣服？5×4=20（套）。

（5）倍数模型。例如，小明今年5岁，哥哥的年龄是小明的4倍，哥哥今年几岁？5×4=20（岁）。

（6）其他几种现实模型。包括：速度——时间模型；单价——数量模型；工时——工效模型；密度——体积模型等。例如，一本书5元，4本这样的书共多少元？列算式5×4=20（元），这就是单价——数量模型。

上面的例子中，虽然计算形式相同，但其蕴含的现实意义大不相同。在教学中，教师可以通过设置不同的现实情境，呈现"乘法"的多元化表征，促进其对乘法意义的理解，发展"数感"的广度。

（三）夯实思维基础，发展"数感"的深度

乘法的表征是多元的，乘法的现实模型又是多样的，那么在教学中教师是否需要面面俱到、平均发力呢？很显然不可以！教师必须紧紧围绕最基础、最核心的思维模型，借助最为直观的表征形式发展数感的深度，使学生对数学的理解更加透彻、更为深刻。在"乘法的认识"教学过程中，教师要找准切入点进行深挖、深耕，努力使学生建立起对乘法本质的直接领悟和洞察能力。

1. 等量组聚集模型是乘法的基础模型

乘法从本质上讲并不是特殊加法的简化形式。从加法到乘法不仅仅是计算形式的变化，更重要的是认知结构的变化。有研究者（孙昌识，姚平子，

2004）认为，小学生的数学认知结构主要是加法结构和乘法结构，而乘法结构是在加法结构基础上的高层次认知结构，是最重要的结构。对乘法的认识显然不能只停留在记住一个形式化的定义。[12]

因此，我们就要在"定义化"的基础上强化"思维路径"。这一思维路径应该是那种简单易懂且具有基础性的。那么，哪一种思维模型才是乘法的基础性模型呢？努涅斯和布莱恩特认为，孩子们遇到的最简单的乘法形式可能是这样一种情况，即包含了两个集合之间的多一对应关系（如1辆车有4个轮子），这种对应关系与比率或比率系数有关，这是乘法思维的基础而不是加法思维的基础。[13]与"重复加"进行比较，这一思维更加复杂。闫云梅等学者在《小学阶段乘法的不同现实模型分析与教学建议》一文中对人教版教材中乘法的不同模型进行了梳理，发现"一步乘法的现实情境问题共计307个，其中等量组聚集模型问题有148个，占总数的48.2%，印证了等量组的聚集模型是最基础的乘法模型，是学生学习乘法的第一个模型，也是学生接触最多的模型"。作者进一步提出建议，应"突出等量组聚集模型在乘法概念建构中的基础作用"，并"通过多种表征方式相互转换，如动作表征、语言表征、图形表征、符号表征等，实现对等量组聚集模型的一般化认知，达到对乘法概念的初步理解"。[14]

再者，对等组的数字结构进行强化还有一个重要作用，就是促使学生试着选择对什么"数字"进行叠加。这有利于培养解决问题所必需的灵活性，并在后续的学习中进行与旧知之间主动的"关联"。比如，在学习乘法交换律时，这些等组的例子，或者多行多列的图表，会让孩子们产生"会心的一笑"。

2. 强化"矩形面积"模型的直观特性

费斯宾等人的研究主张："每一种算术基本运算，一般都结合着一个隐藏的、潜意识的、原始的直观模式，当解答一个含有两项数值资料的应用问题时，对运算的选择并非直接发生，而是通过一个中介模式（原始直观模式）来发生，且这个模式会对选择的过程加以限制。"[15]"多行多列"或"矩形面积"的模式应该就是乘法的原始直观模式。一般情况下，乘法的"几何解释"往往会使学生感到容易理解。但老师们可能会存在一个误区，

"矩形面积计算"与"乘法的算术表达"在数学史上谁先谁后？事实上，将两个数的乘积解释为一个矩形的面积具有悠久的历史。直到笛卡尔时代，这都是理解数的乘法的唯一方式。只是在1600年左右，笛卡尔提出乘法也可以作为一个独立于几何的抽象概念，乘法才开始纯粹地作为数与数之间的一个运算被广泛接受。[16]

矩形模型具有形象、直观的特点，它不仅为学生理解等量组的聚集模型提供了直观表象，而且还可以进一步推广用来理解分数乘法的算理。在学生初步认识乘法时，教师就可以通过图形排列方式的变化，为正式建立矩形模型奠定基础。[17]将乘法与矩形面积进行关联，对于发展学生"数感"意义深远。比如，在后续接触到乘法分配律时将会感受到先前的"渗透"之功用。

（四）顺应认知心理，发展"数感"的悦纳度

1. 关注数学文化的渗透，涵养学生的文化底蕴

每一处数学知识都不是冰冷生硬的，都会留有历史的温度。"乘法"这部分内容中的关键材料"九九乘法表"就承载着无数古代圣哲先贤的"智慧"。据史料记载，"九九歌"远在春秋战国时期就被广泛使用，最初的"九九歌"是从"九九八十一"开始到"二二得四"共36句。这是"小九九"，还有81句的"大九九"。一直到现在，人们在生活中也经常会以"小九九"这个词表示某人的"谋略"或"心机"，这就是一种文化烙印。随着学习的深入，教师还可以帮助学生进一步涵养多元数学文化观。例如，教师可以和学生一起了解中国算盘中的乘法、埃及连续加倍运算的乘法、俄罗斯古老的乘法算法、格子乘法、纳皮尔乘法等。

2. 注重材料的趣味性，培养学生数学学习的兴趣

数学思考，并非是绞尽脑汁的思考，而是凭借"数感"享受数学的乐趣（小平邦彦）。数学学困的一个间接且很普遍的原因就是学生没有感受到数学学习的乐趣。因此，教师必须"绞尽脑汁"增强教学的趣味性。但是，这里所强调的"趣味"不能简单地等同于游戏活动等"有形"的趣味化，相比之下，我们更要挖掘数学材料本身的"趣味"。比如，在认识"×"号的时候，与其冗长地介绍乘号的来历，讲一些历史故事等，不如赋予"乘号"以

"新意"，并找到一定的关联。基于此，我们不妨把"×"看作"滚动着的加号"。在教学素材的选择上也是如此，近年来各种版本的教材都比较注重"趣味性"，如以"蚂蚁做操"为问题情境，借助直观模型"点子图"理解乘法算理，就比较直观生动、易于理解。

当然，对于"数感"的培养除了要关注以上几个特性外，还应注意发展数感的精细性，鼓励学生源自直觉的表达，发展"数感"的敏锐性等。只是在小学阶段"乘法"教学活动中要有一个轻重缓急的区分才好。

综上，我举隅"乘法"，梳理了对"数感"的认识和理解，并对发展"数感"提出一些建议。虽我极力呼吁中小学教师要重视学生"数感"的培养，甚至认为"数感"是数学核心素养之核心，然而，也多少有一些担忧，就是我们往往会"矫枉过正"，重视了"数感"却又忽视了逻辑！毫无疑问，在数学教学中，"数感"与逻辑一定要"并驾齐驱"。郑毓信教授在《数学思维与小学数学》一书中，已经为我们指明了这一点。他说，我们的确应该通过数学学习发展学生的"数感"。然而，作为问题的另一方面，我们应该清楚地看到"数感"的局限性，这表明了数学思维的思辨性质。应该明确肯定的是，在数学直觉与逻辑思辨之间存在着相互促进、相互依赖的辩证关系。[18]这或许就像一枚硬币的两个面，抹平了任何一面，就不再是"币"了。

📁 参考文献

［1］［2］［3］［日］小平邦彦.惰者集——数感与数学［M］.尤斌斌，译.北京：人民邮电出版社，2017：2—17.

［4］中华人民共和国教育部制定.义务教育数学课程标准（2011年版）［S］.北京：北京师范大学出版社，2012：5.

［5］［6］［8］［10］［13］［英］茉莉亚·安吉莱瑞.如何培养学生的数感［M］.徐文斌，译.北京：北京师范大学出版社，2006.

［7］［15］鲍建生，周超.数学学习的心理基础与过程［M］.上海：上海教育出版社，2009：253.

［9］［18］郑毓信.数学思维与小学数学［M］.南京：江苏教育出版

社，2008：8.

[11] 刘加霞.作为"模型"的乘法——对数学概念多元化表征的思考 [J].小学教学：数学版，2008（10）.

[12] [14] [17] 闫云梅，刘琳娜，刘加霞.小学阶段乘法的不同现实模型分析与教学建议 [J].课程·教材·教法，2014（3）：81—82.

[16] 伍鸿熙.数学家讲解小学数学 [M].赵洁，林开亮，译.北京：北京大学出版社，2017：110—111.

第五章

一起读好书，一起看佳片

什么是教育？就是爱读书的校长和爱读书的老师，带领着学生一起读书。就这么简单。

在我看来，要办好教育，第一就是要有好校长。而好校长的一个重要品质，就是喜欢读书。

——钱理群

我毫不怀疑钱老对于"教育"独辟蹊径的"定义"。几年来我也努力在做师生阅读的引路人，先是引领教师读书、读好书，继而推动教师们引领学生阅读。近三年，我几乎每年阅读近七十本书籍，每年撰写读后感或读书推荐六十余篇。偶尔也推荐一些好电影，一部好电影有时会胜过一本好书。慢慢地，学校就会成为真正意义上的"书香校园"……

5

好书推荐

顾城在《哲思录》中讲"你不会只靠蜡烛照亮前进的道路，更不能仅靠书来懂得人生"。说得真好！

但是读书，读好书，的确会让你的事业、人生有所不同。

甚易知，甚易行。

01 回枫林渡 ——读《枫林渡》有感 （2018年8月20日推荐）

《枫林渡》是著名作家曹文轩新出的"旧作"，1981年写就，2014年出版。应该说这本书不是单纯的"儿童文学"，故事是建构在一个宏大的历史事件之上的，你能感受到那个逝去时代的累累伤痕，含义刻骨铭心。但落点在一个乖巧文弱的小女孩蓝蓝身上，这本书围绕着这个小女孩"回枫林渡"的强烈愿望，艰难地梳理着奶奶、姥姥、妈妈、弟弟及逝去的爸爸和保护神稻虎哥这些人物的关系，挣扎在城乡之间、大人物和百姓之间、大杂院和高墙深院之间、爱憎之间、亲情友情之间，甚至善恶之间的一个"悲悯而温情"的故事，拷问亲情几多、尊严几许、人性几何。当《枫林渡》翻阅至最末页，看着蓝蓝留给外婆、妈妈、童童的信，心绪难平。根据书中的描述，我作了一首打油诗《枫林渡》，试着描绘那个令蓝蓝魂牵梦绕的枫林渡。

枫林渡

宽广的原野，蓝蓝的天

油亮的树叶，空气清新

还有稻虎哥坐在身边

云缝里透着无数道金丝线

织成了金丝雀的霓衫

枫林渡

红色的季节，红色的秋天

红色的枫叶，红色的河岸

无数的桥，无数的船

清脆的鸣叫，美丽的云雀

飞得高远

听，云雀在呼唤

回枫林渡——

蓝蓝最后还是回枫林渡了！为什么？是缺少爱吗？外婆爱得多深多沉，妈妈爱得多溺多甜，弟弟黏糊得像一个跟屁虫，小伙伴们也都那么喜欢蓝蓝。那是生活条件不好吗？姥姥是市长，与飘着"沼泽味"的枫林渡比那可是天上地下啊。那到底是为什么呢？——自由！书中出现了几个"代表性"的小动物：有从臭水沟捡来的小龟，有奄奄一息又被救活的短尾猫，还有那有着美妙叫声的"云雀"。小龟可能是隐喻社会最底层的人，如毛毛或者毛毛爸；短尾猫可能隐喻善良懦弱随遇而安的蓝蓝自己；而那只云雀，则是自由自在的美丽的化身，时刻召唤着主人公蓝蓝。当短尾猫惹恼了妈妈，当哥哥送来的云雀也逃出"牢笼"，我们就知道，蓝蓝一定要走了，一刻也不会停留，回枫林渡，因为那里有自由！

城里到底哪里不好，一定要回枫林渡吗？这也许是妈妈和弟弟不断责问自己的问题。无须展开说了，城里哪都好，就是缺少了尊重！外婆说："世界上，无论多么伟大、多么了不起的人，一旦不把别人放在眼里，那么他就彻底完蛋了！"

好的故事总是要拷问"人性"的。《枫林渡》中人物不多，人物关系清晰明了。虽然人性的各面就如光线经过多棱镜一般展露无遗，但是，人性的光辉依然普照着书中的这个小"世界"。那就是"善良"！姥姥说："人，且不说该有多高的境界，多好的德行，最起码得讲点良心。"这个良心就是善心，这是人性的根本、源泉，如果没有这个"善"，那这个人无论有多高的智商、多高的地位、多丰富的才艺、多靓丽的外表，都是那只金玉其外，败絮其中的"柑"！姥姥对妈妈说："摸一摸，看看自己的心还在胸膛里吧！"

蓝蓝回枫林渡了，可那里是穷乡僻壤啊，蓝蓝学不了钢琴、舞蹈、绘画，那她就会比"城里人"差了吗？不！枫林渡属于蓝蓝，蓝蓝在那里找寻到了自由，在自由面前，什么才艺都是"浮云"！所以说，不要逼着"蓝蓝"去学钢琴、绘画、舞蹈，因为她不喜欢。因为蓝蓝在枫林渡里学会了善，在枫林渡里拥有了自由。人在这世上啊，自由多么重要，善良多么重要！这或许就是真正的"核心素养"，教育工作者们，在对孩子的培养中，我们能否也坚持这一点，宁要核心的"善"和"自由"，也不要所谓的"全面发展"！

作者成书于三十年前，两年前在北京大学蓝旗营住宅对作品进行修改。好像那个时候我刚好有机会到北京参加一个培训，住的地儿离蓝旗营不远，每天都要经过那里。每每经过时总少不了钦羡嘀咕，这里说不定就住着那个轰动全国的大家——曹文轩。那里有一家书店，我去逛过几次，说不定还碰到过他呢：也许因看不见"光环"，即使面对面碰到也会觉得他只是一个普通人。我从心底里谢谢这位"普通"的作家！

02 值得读一百遍的书 ——《给教师的建议》 （2018年9月21日推荐）

《给教师的建议》，这是一本值得读上一百遍的书。它就像一片广袤的大森林，参天大树星罗棋布，花香鸟语随处可遇，每一次走近，你都会呼吸到无比甜美而新鲜的空气，每一次都会令你心旷神怡。

苏霍姆林斯基于百年前的1918年诞生在乌克兰，不知道今年是否会举行隆重的纪念活动。不过，在我心里已经无数次向这位大师，这位伟大的人，表达了我崇高的敬意。"高山仰止，景行行止，虽不能至，然心向往之！"

03 《惰者集》 （［日］小平邦彦） （2018年8月21日推荐）

《惰者集》是数学大师小平邦彦的随笔文集，文章语言平实，娓娓道来，深入浅出，回味无穷……

但该书内容与数学定理似乎关联不大，书中所指的数感和我们所了解的数学的核心概念"数感"不是一回事，书中所阐述的也并非纯专业的知识，倒像是一位老者悠闲地呷着茶，同后辈学子们细数数学及数学教育的奥妙……

该书的作者是沃尔夫奖的获得者，也是亚洲获得此奖的第一位。

04 《蝇王》 （［英］戈尔丁） （2018年8月20日推荐）

《蝇王》这本书读得我浑身发冷啊！

如果有一群人因为特殊事件，如坠机轮船失事等原因流落到一个孤岛上，接下来会发生什么？

如果这一群人是一群涉世未深的孩子，而且没有一位"成熟"的大人，接下来会发生什么？还请朋友们自己来读一读吧！

这一故事好像是上帝设置的关于人性、民主、权利、自然等的探究实验，剔除了两性、虚伪、教化、监督等的外力干扰，纯粹的原始人性的验证……

《蝇王》的确是一部充满哲理的作品！

05 《苏东坡传》 （林语堂） （2018年9月19日推荐）

敬仰苏轼，尤为喜欢《定风波》。上高中时骑自行车上学，夏季每每遇雨从来不避雨，无论大雨小雨皆在雨中疾行。大雨滂沱中路上几无行人，遂大声吟诵（喊或吼）苏轼、辛弃疾等名家诗词，癫狂之状引得路边屋檐下避雨的众人侧目嘲笑。《定风波》是必选曲目。"竹杖芒鞋轻胜马，谁怕？一蓑烟雨任平生。"真是畅快淋漓！

如今，出行基本躲在车里，小雨淋着都怕感冒。年岁越来越大，气势已渐消没。相比之下，苏轼作《定风波》时已46岁，尚有此豪气，不得不令人敬佩！

读林语堂的《苏东坡传》，流连于作者的笔端，跟随着主人公的伟岸身躯纵横驰骋在大宋。游山川，意气风发；扬名气，傲视群雄；凄婉时，几欲落泪；激愤处，荡气回肠。书之好，怎一个"好"字能概括？

06 少年与中年的不同"人生"视域 ——三十年后重读《人生》有感
（2018年8月15日推荐）

少年时读《人生》，的确奉若人生圣典。曾激发了少年人那时隐时现遮遮掩掩的"狂性"。少年不狂谁堪狂？少年不争何时争？或许，这是如今许多中年大叔那个时代的共同情感。

那时候最喜欢的人物当然是"高加林"。回想起来原因可能有以下几点：

第一是身份认同。同样是社会底层少年，家境贫苦，地位卑微，父母是典型的胆小怕事小心谨慎的"良民"，如履薄冰地度日。

第二是形象认同。同样是众人眼中"争气"的孩子，读书刻苦，家长引以为傲。

第三是情感认同。同样心比天高，或者说是好高骛远，同样有股子倔强，渴望能走出令人困顿的小天地，渴望有更好的空间施展才华。

因此，在阅读此书时我基本上是把情感完全投射到这位长着剑眉的英朗后生身上。随着他的失落而失落，随着他的转机而兴奋，随着他的情窦初开而心旷神怡，随着他的爱情破碎而落寞，随着他的理想崩塌而跌落谷底……

三十年后竟然又与此书"邂逅"，当重新打开此书时，却发觉曾经的少年多么"愚钝"！不禁惊呼，"人生"里面真正值得敬佩的恰恰不是"高加林"，更不是其他的一些"男爷们儿"，而是"女娃子们"！不仅是"纯朴美丽善良"的刘巧珍，还有曾被认为"心机势利"的黄亚萍，甚至是更多的女配角……她们都有着共同的令人佩服的闪光点，那就是——敢爱敢恨敢担当。

刘巧珍喜欢那个帅气的"文化人"加林哥，就大胆地追求，勇敢地表白。爸爸反对就和爸爸抗争，村里人嘲笑就同全村人"较劲"。喜欢就是喜欢，不喜欢就是不喜欢，不喜欢的后生即使跑断腿也坚决连面都不露。做了错事不管是自己的亲人还是村长，一样狠狠地骂，毫不留情面。当自己的情郎变心了，她也能很快走出"低谷"，痛痛快快地切割，痛埋在心里，人还要继续抬着头活着……

即使是那个不受读者欢迎的黄亚萍，何尝不是个敢爱敢恨敢担当的人？想爱就勇敢去追，不爱就斩钉截铁地断。你看她和前男友克男的绝交信里，还要求前男友祝福她……虽然这难以令人释怀，但不得不承认她做事干脆果断！

总之，巧珍抑或亚萍都值得赞誉。当然，对于巧珍的评判绝不仅仅是多年前认为的那个善良纯朴的乡下老实妹子，而是因为她的人格值得敬佩！反观曾经的"偶像"高加林，却原来是那样的胆小懦弱，爱与恨都不敢直抒胸臆！爱得被动勉强，恨得憋屈偏激。更没有担当，没见到哪一件事是为他人负责，只看到时时处处都有人为他担着事。

三十年后，重读《人生》，感谢曾经激发自己抗争欲望和冲破桎梏的勇气，感谢《人生》里各个人物给予自己的价值判断，感谢《人生》赋予我那个年代的人生观，更感谢三十年后重读时，它让我对人生有了重新审视和思考……

07 《中国文化的深层结构》 （孙隆基） （2018年8月8日推荐）

这是我今年看得最吃力的一本书，常常要回头重读，章节过后还要简单梳理，否则就"不知所云"。40万字的书竟然断断续续地读了一周还多。但是，如果你能够耐下心来读一读，那么相当于给自己洗洗澡了，身体表面的污垢尽除，一身轻松！如果你还能时不时地有所触动，那么真是见效果了，好比春天郊游，看到春意，心则放飞。如果你真能自我反思，或者敢于直面自我之丑陋，甚或不惧刮骨疗毒！那么，估计你会凤凰涅槃般浴火重生了，到那时，人格必然盛开！

这本书，我还要找时间重读。

08 《时间折叠》 （［美］彼得·克莱恩斯） （2018年7月26日推荐）

推荐理由如下：

1. 故事引人入胜，情节明快精彩，是一部非常好的小说。

2. 推理最上乘，悬疑其次，科幻再次，但都属于高水平！

3. 彼得是个不折不扣的少年天才。19岁他修了英国文学、考古学、量子物理和现代艺术四门博士课程。这样的人写出来的作品在细节方面绝对是精雕细琢。

4. 小学高年级和中学生可在家长的引导下阅读此书，这本书是一部绝佳的科普读物！

09 缠乱的风筝线 ——《北鸢》读后的叹息 （2018年7月23日推荐）

断断续续终于读完了《北鸢》，可能这本书的光环太过耀眼，以致看后好生失望，感觉书里的故事和我此时的心情一样，犹如两根缠绕在一起的风筝线！《北鸢》和葛亮，推崇者众多，但我还是想勇敢地表达一下自己不同的观感！正如掩卷时的几声叹息……

叹息之一，《北鸢》的人物关系真有点乱。都说编筐编篓，一定要条理清晰，许多名著人物关系虽然繁杂，可作者大家们总能捋得很清楚，比如《红楼梦》，比如《水浒》。当然以此相提并论的确是对作者葛亮太过苛求啦。可以看得出来，作者是慕着"名著"去雕琢自己的作品的，无奈却有"东施效颦"之嫌。恕我不敬！

叹息之二，很显然主人公文笙和仁桢就是"两只风筝"，但是前半部好多篇章中这二人只是"蜻蜓点水"，而且点得毫无必要，明显就是为了时刻提醒读者"这是主人公"！而对其他人物不分主次的泼墨就显得功底太浅，要知道有些人物必须简练，简练并且能为重点人物服务那才是作者的水平。很显然，葛亮老师还不够洗练，不懂得取舍，大概是因为取材于家族往事吧，瞻前顾后的缘故。唉，好多人物好像没有想好就出来了，就像永安，这个人物设定的意义如何？红娘吗？

叹息之三，对文笙的设定太过格式化。这个人物应该是"耀眼"的，但小说从一开始就不断地给他寻找"祥瑞"，襁褓中被"弃"时就已经"天生异禀""与众不同"，婴儿时就对众人"一视同仁"，抓周时就"目无俗物"，青春萌动时居然能"心如止水"，大风大浪前"气定神闲"，这是个天生的"麒麟"？毫不需要后天的"磨炼"，那与这个"显贵"的家族又有何干？岂不是与故事主旨相背离？我认为此处也是一处败笔！不知有没有人认同。

叹息之四，笔触太过阴郁。整篇读来大多数时候心情是压抑的！压抑得不想写文字表达压抑。

叹息之五，主题飘忽，难承大义。昭德算是"奇女子""女丈夫"了！但其他人物终究太过模式化，那个时代的标签太过明显。去除渲染，则滑落为家族史，甚至是充斥着奇闻逸事花边新闻的文绉绉的口述家史。原本可以家国大义为主旨的，也的的确确有这个必要，文中本有几处已然要拨动这根神经，比如"小蝶"，比如"言秋凰"，比如"仁钰"，假如作者不是以真实家族中的家长"文笙"为主人公，而以"仁钰"为主线，以昭德、言秋凰、小蝶等作为烘托，那将是何等气势！放下了家族的架子，拿起了家国的大义，不好吗？

作为读者，我虽然特别敬佩葛亮先生，但如实表达自己读后的感受应该不会被诟病吧！

⑩ 奇书 ——《雍正王朝——之大义觉迷》（［英］史景迁）

（2018年7月21日推荐）

《雍正王朝——之大义觉迷》这本书讲了三百年前的一段"狂人怪事"。但是讲得"非同一般"，开卷我便被深深吸引，欲罢不能。

此书"奇"在以下几处：

第一，明明是讲一段历史，却讲得跌宕起伏、惊心动魄，拍成电影或电视剧必定叫好。

第二，明明是一个"路人皆知"的史料，却让读者处处觉着新鲜刺激。

第三，明明是个外国人所写，但其对中国历史认识之深、分析之透、见解之彻，令人毫不犹豫地折服！

第四，明明是以历史为题材的"小说"，却写成了"学术报告"，这种研究的态度让人肃然起敬！

史景迁，了不起的史学家、汉学家！

⑪《平面国——一个多维的传奇故事》 （［英］埃德温·艾勃特）

（2018年7月12日推荐）

第一层面来看，中学生可以把这本书当作数学课外读物，培养锻炼空间思维，特别是三维视图方面的体验。

第二层面来看，这本书是一本科幻读物，站在低纬度生物的视角看，无疑是走进了玄幻的高维世界。

第三层面来看，这是一本讽喻小说，魔幻现实。作者是几世纪前的"贵族"，他对"阶级"丑恶的批判和揭露在当时来讲绝对是"大无畏"！

⑫ 简单干净的童话　——评迟子建的《候鸟的勇敢》

（2018年6月6日推荐）

打开书，看到第一句话："早来的春风最想征服的，不是北方大地还未绿的树，而是冰河。"我就知道，这又是一本拿得起放不下的书。全书最后一句为"他们很想找点光亮，做方向的参照物，可是天阴着，望不见北斗星，更没有哪一处人间灯火，可做他们的路标"。至此，故事讲完，听故事的人却不愿意走。

这是一个讲述候鸟的故事，顺便讲了讲候鸟人、守护候鸟的人、人性的善恶、人的渺小与狂悖、自然的浩瀚与宽容、人与自然的冲撞与和谐，以及污秽尘世和理想境地，还有一个童话……

这本书其实就是一个童话，给大人们看的童话，简单，干净，清清爽爽。

如果问迟子建的作品最鲜明的特点是什么？——思无邪！无论是管护站、研究站还是娘娘庙（苦命人藏身之处），无论是林业局、瓦城或者南方，都只是栖身之所，心有时跟着，有时又被弄丢……读一读吧，带你走进一片纯净的山林。

⑬ 《当你老了》　（[爱尔兰]威廉·巴特勒·叶芝）

（2018年5月29日推荐）

《当你老了》是诗也是歌……读诗歌是否要讲"眼缘"？可能有一百首一千首在你眼前溜过，你毫不在意。但也许就那么一刻，夜深人静的那一刻，一首诗歌或几句甚至几字，令你怦然心动……比如，叶芝的这一首诗：

当你老了

……

多少人爱你青春欢畅的时刻，

爱你的美丽，用假意或真心。

但是只有一个人爱你那朝圣者的灵魂，

爱你容颜老去时忧伤的皱纹。

推荐爱尔兰诗人叶芝的《当你老了》。这是一本久远但并不古老的书，这里藏着熟睡的爱尔兰灵魂，这是20世纪最伟大的情歌，至今传唱！当心随着铅笔的波浪荡漾，我就知道，亲爱的朋友，诗歌也会传递超越时空的能量……

⑭《山本》 （贾平凹） （2018年5月27日推荐）

该书500页50万字一气呵成，不分章节，一叙到底，宛若沉沉的梦，梦过几十年，梦醒似初睡。

该书的语言直白，毫无修饰，毫不违和。没有什么大段情感描写，但那情和爱热烈而澎湃。没有多少抒发感怀，但平实的一字一句中都透着浸凉的气息。

摘录两段话吧：

日头出来，日头落下，急归所出之地。人一生的劳碌，就是日光下的劳碌。万物令人困乏，人不能说尽，眼看，看不饱，耳听，听不足。已有的事，后必再作，已行的事，后必再行……

是没有打仗了……人们都在一起生活着，是邻居，是同族，是亲戚朋友，可谁又顾及了谁呢，沙握起来是一把，手松开了沙从指缝里全流走，都气势汹汹，都贫薄脆弱，都自以为是，却啥也不是啊。

⑮《南北笔记》 （贾平凹） （2018年5月15日推荐）

案头书，枕边卷！这本书绝对可以当作案头书经常翻看的。陕西真是人杰地灵，我非常喜欢当代陕西的三大作家。中国文坛上，陕南、陕北、关中各占一杰。希望有朝一日能到陕西慢慢地游历一番，好好感受一下陕西的人、陕西的物、陕西的风光山水、陕西让人感动的厚重文化！

⓰《打开民国老课本》 （李斌） 　　　　　　（2018年5月5日推荐）

民国，一个改天换地的时代，一个充满希望又令人失望到底的时代，政治黑暗、军阀横行、外辱接踵、动荡不安、民不聊生、烽火连连、灾难重重……但，也曾有黄金十年（1926—1936），也曾百家争鸣、中西并举、大师云集、风骨傲然，还有这——民国课本，假如生在民国，唯一聊以慰藉的是，还有这像样的老课本……

⓱《等待》 （哈金） 　　　　　　（2018年4月7日推荐）

之所以读这本书，是因为余华的评价。以前也读过哈金的许多短篇小说，印象很好，他为我阅读的精神园林开辟了一条全新的小径。

整本书的感觉还是不错的，老老实实地说故事。没有丝毫刻意雕琢，这是最值得欣赏的！

开篇很吸引人，杜拉斯风格，也和余华或者莫言的作品有共通的笔风。对于书的后面余华的评价是"推土机式叙述"，轰然作响、扎扎实实。

本书是获得了全美文学奖的！但中文版读起来没期待得那么好，我想可能是语境转换的原因。作者是华人，东北人。常年居住在美国，用英语写中国的故事，英语功底扎实规矩，写出来的文字"没有一个音节错误"，文学水准自然不低。但翻译成中文，除了文字规矩外，汉语言特有的魅力就没展现出来。比如全书时间跨越20多年，多是滚滚洪流跌宕起伏的岁月，但书中难以寻觅那个年代的"硝烟"味儿。

不过"等待"确实是一个沉重的"主题"，作者叙述得也相当厚重，给读者带来的冲击和思考同样厚重，值得一读。

⑱《现代教育理论》（扈中平）与《课程与教学论》（黄甫全）

（2018年5月5日推荐）

学习也可以是一种信仰！

刚啃完了两个大部头，《现代教育理论》与《课程与教学论》加起来140多万字啊，起早贪黑的。

最怕人家问我"看这个有啥用呢"，人做事不一定要奔着什么利益或用途的，学习只是一种行为、一种习惯，或者也可以是一种信仰！

⑲《螺丝在拧紧》（［美］亨利·詹姆斯）（2018年2月15日推荐）

旅途中阅读的书也要精挑细选，《螺丝在拧紧》这本书就很适合。这本小说被定义为恐怖小说、玄幻文学，这一点我不认同。

我也不赞同简单地把这部小说归为灵异鬼魂之类，我更倾向于心理剧，没有什么鬼魂，只是"心结"。或者，这位乡村女教师其实是一位精神疾病患者……

无论如何，故事的确很吸引人，环环相扣，就像正在拧紧的螺丝……

⑳《Do Androids Dream Of Electric Sheep》（仿生人会梦见电子羊吗？）（菲利普·迪克）

（2018年7月12日推荐）

儿子推荐给我的，一本难得的充满哲学意味的科幻小说。原著发表于1967年，半个世纪后读来仍毫不违和，堪称科幻经典。

㉑《未来镜像》（姚海军，尼尔·克拉克，编；刘慈欣，等著）

（2018年2月2日推荐）

《未来镜像》是一部非常优秀的科幻小说。九位出色的作家，为你的心之穹顶打开一扇扇窗，以你难以描画的方式展现着不可思议的未来。其中，《以太》《饿塔》《祖母家的夏天》《圆圆的肥皂泡》尤其值得一读。

㉒ 《我的精神家园》 （王小波）　　　　（2018年1月28日推荐）

寒冷的冬季无须工作，无须奔波，只是躲在温暖的小屋里读书，幸福感爆棚啊！

王小波英年早逝。如果小波长寿一些，七十八十，估计会名声大噪，会有更多人喜欢他。他独立而倔强的身躯，他勇敢而深刻的入世姿态，我佩服！

㉓ 谈谈"阅读与吃饭"　　　　　　　　（2018年1月19日推荐）

有朋友问我，读那么多书干吗？记住了多少？有用吗？其实阅读不能以有没有用去衡量，这只是一种需要！阅读不等于背课文，没人考你，也不需要你记住哪段话哪篇文章。阅读也不等于"研究""做学问"，一定要考据，一定要严谨而系统。阅读也不是考文凭，当成挣"饭碗"的门槛。当然，如果你天资聪颖过目不忘，那真令人羡慕。但是，即使平凡如我、如路人，也不妨把读书当作一种消遣、一种习惯、一种寄托、一种陪伴！书何尝不能成为你喜欢的一件衣服、一个把件、一品茶香、一宠灵物、一位朋友……

人有两种存在形式，一种是外在的，一种是精神的，都在成长变化。外在的形式是身体，需要补充食粮，吃吃喝喝。精神的形式是无形的，但也需要补充能量，否则就长不大，长不好。吃什么呢？可以用书这个饭盒来盛！你身体每天都在吃喝，但你不需要记住每一天都吃了什么喝了什么。阅读也一样。吃喝与阅读的共同之处是都能够吸收到营养，一种是身体的，一种是精神的！不同之处在于，无论养料怎么充分，身体终将老去，化为灰烬，而精神却因阅读的濡养而变得更长久……

人不吃饭会饿死，不阅读，精神会干瘪。

㉔ **《人生很短，做一个有趣的人》** （汪曾祺）（2018年1月19日推荐）

如果用一个词概括推荐这本书的理由，那就是"有趣"！

这本书是我进入2018年翻开的第一本书，我的新年心愿和书名相合，也想做个有趣之人。不过，书读得不算"麻利"，当然这本书也不适合一气呵成。断断续续地，每天只能挤空读一点，这又让我深切体会到能读书才是幸福愉悦的，能给自己留点时间读点书，真是难得的幸事。

汪老先生的文章应该没有刻意去形成"架构"，他称之为"组织"，他苦心经营"组织"，但不追求题旨的玄奥深奇，只是平淡质朴，娓娓道来，如话家常。

汪老先生我觉得就是现世一老庄，文坛一陶潜。过着一种宁静、闲适、恬淡的生活。

老先生的作品很应其主张，"纳外来于传统，融奇曲于平淡，以俗为雅，以故为新"，正如他本人所希望的，文章有益于世道人心，使人心田滋润，生活美好。人的感情富于美，有诗意，生活就不辛苦不累，颠沛人生就可以坐下来歇一会儿。虽觉眼前生意满，但知世上苦人多！

㉕ **《自由与包容，西南联大人和事》** （任继愈）（2018年1月11日推荐）

推荐理由如下：

1. 1937年，中国正值内忧外患，国耻永世警醒国人。这一年可载入史册的事件还有很多，其中之一当是两个"联大"的成立。西北联大因其存在时间较短，影响力不如西南联大这个存在8年的"临时"大学。

2. 西南联大堪称近代中国的奇迹，无论是教育还是文化抑或学术，都是巅峰。读一读关于西南联大的书，了解那个时代的人和事，会让我们对中国人、中国文化、中国精神更加认同，更加自豪，更加自信。

3. 西南联大的先生们，是真正的大师！人格独立，精神高尚，博学而笃志，严谨而开明！如今不也需要这样的大学、这样的大师吗？我们之所以这样怀念是因为我们永远仰慕。

4. 我一直渴望能向敬仰的教授、大师求教。

㉖ 老师也要读点儿金融或理财类书籍 ——兼谈一个教书匠的理财观

（2018年2月2日推荐）

做教师的千万不能封闭自己，也要读一读有关金融或理财类的书籍，不然会被人"鄙视"的。

曾经，一个从商多年的老友邀我去陪他会朋友说了一句："哎呀，老师都清苦，见见场面，交交人，说不定开开窍……"这让我感触颇深。

其实理财并非商人专有，各行各业的人都应该有业余理财的权利。理财是生活技能，教师也要有能力利用它。

我以为，投资理财分上中下三品九策，外加偏门和超然。

下品：下策，存入银行；中策，炒股炒金；上策，做点不落后的实体。

中品：下策，做点房产，但一定要做到"独立"，不能跟风；中策，投资科技创新小微业；上策，文化、影视、新概念。

上品：下策，长线投资，比如投资"未来"书画艺术名家。有家族传承意愿者最可行，往往利在后代；中策，借国家战略大势运筹布局；上策，奇货可居。

超然之策，做慈善！但要具备以下几个认识：钱只是数字；不觉得自己是善人；不是希望受施者感激自己，而是由衷地感激受施者成全自己；还要有千金散尽的气魄，就是不吝啬。

其实，不如做个教书匠，以育人为财富，以师爱做理财，赚得幸福满满！

㉗《红豆生南国》（王安忆） （2017年12月31日推荐）

谁说读万卷书不如行万里路？读一本好书当可超越时间、空间，何止万里，何止一人的万里？何止各色人等的万里之行的感悟？就像王安忆的这本书，艰难的保姆，落魄的阿叔，坎坷的偷渡客，酸楚的钻石王老五，还有漂洋过海的淘金者……时间跨越半个多世纪，空间跨越大半球，他们行的何止是万里路，他们挨的何止是万千天！他们深切的悟和痛，你又怎能一一去亲受？所以说，还是读书，小小的一本，已是往事越千年，已是人面桃花，已是天上人间。行万里路不难，读万卷书试试？

28 《我们的荆轲》 （莫言） （2017年12月29日推荐）

好书推荐，乐此不疲。

我没看过此剧本在舞台上出演，所以只能谈谈读剧本的感受。

首先，作者是真想看看人物的内心，想探明那些说不出口的真实。那些君王龙凤、英雄豪杰、猛男烈女、市井小民心里的真实和心理的真实，所以把历史剥层皮，把人心晒出来。你觉得幽默，但是丝毫笑不出来；你觉得深刻，但却不愿去相信；你觉得是历史，但分明就在当下；你觉得真遥远，但活灵活现的身影似乎就在身边；你觉得太过荒诞，但直觉告诉你，其实也就这么回事，只不过是一部剧。

莫言说，这是他的"第三部"话剧，莫言说自己是写话剧"出身"的。不过我是第一次看他的话剧。但他的小说就像是话剧，《蒜薹》是这样的，《檀香刑》也是这样的。

所以，"每一部优秀的小说里其实都包藏着一部话剧"，每一部话剧其实也都是一部精彩的小说。无论小说还是话剧，其灵魂不外乎——故事，人的故事。是人，终归是有缺陷的。做事，不可能达到完美。但是，做人做事，我们至少可以——追求，追求纯粹，追求内心的安宁！

29 《哲学人生》 （冯友兰） （2017年12月6日推荐）

第一，不要见到哲学就嫌弃，这本书真得不烦人，语言真不晦涩难懂，都是大白话。

第二，本书并非全是什么高深问题、纠结问题、终极问题，而是答疑解惑，都是些成熟年龄之人冷静思考后对年轻人生活疑问的智慧回答。

第三，冯友兰的名头的确很大，但在这本书里作者像是一位中小学教师，循循善诱。

哲学似无用而有大用，因为它关系到人生。

㉚《牧羊少年奇幻之旅》（[巴西]保罗·柯艾略）

（2017 年 12 月 9 日推荐）

这是一个讲述西班牙原野上的牧羊少年寻梦的故事。正如书中所言：寻梦过程中的千辛万苦，看似无意义，实际上是梦想意义的本身。恰恰是实现梦想的可能性，才使生活变得有趣。

老撒冷王麦基洗德说，不论你是谁，不论你做什么，当你渴望得到某种东西的时候，最终一定能够得到。因为这愿望来自宇宙的灵魂，就是你在世间的使命。所以，永远也不要放弃你的梦想，因为你的心在哪里，宝藏就在哪里。

我觉得这本书适合各类年龄群。幼儿可以在大人的阅读中听到爱与温暖；男孩，则心动于冒险和未知；女孩，或许会牵挂着圣地亚哥的喜乐哀愁。少年，读到梦想与坚持；青年，思考爱与人生的真谛；中年，体会自然哲理；老者，洞明死生。

我一放下书就向我儿子做了推荐……

㉛《过于喧嚣的孤独》（[捷克]赫拉巴尔）（2017年12月8日推荐）

本书的内容用作者的话说，就是写一个平凡、默默无闻、被抛弃在"时代垃圾堆"里的人。这让我想起了卓别林电影里的那些可怜的小角色。

米兰·昆德拉说，本书作者是我们这个时代最了不起的作家。很遗憾，我没能品出其如此高的价值，毕竟我只是一个普通读者。我只能说这本书很特别，读着读着便被深深地吸引，陷入一种自言自语的境地。他的文字具有这个能力，能把读者带入他设定的那种境地里……

32 《大汗之国——西方眼中的中国》 （[美]史景迁）

（2017年12月8日推荐）

读书需要带着质疑和批判，著书立说更不可缺少质疑和批判，做学问亦如此。这可能是知识分子或社会公知应有的特质。

我很欣赏作者旁征博引的考证精神！虽然文中有许多地方难以令人信服，但这种探究的精神不由得不让人肃然起敬。

看看这本书吧，我们看惯了"自己人"写的历史，也看看"外国人"眼中的中国、中国历史和中国人。

另外，很喜欢广西师大出版社"理想国"这个系列。

33 《儿童的秘密——秘密、隐私和自我的重新认识》 （[加]马克思·范没南等）

（2017年12月5日推荐）

一个小孩子课间时没头没脑地跑到我面前，莫名其妙地说了一句"我的爸爸妈妈都要结婚啦"，然后掉头就跑了……

这是他的秘密，他需要找个信任的人分享秘密，我荣幸地成了他的选择，然而这个秘密却让我感到五味杂陈……

推荐老师们看看《儿童的秘密——秘密、隐私和自我的重新认识》这本书。

34 《孩子们的诗》 （果麦） （2017年12月3日推荐）

读《孩子们的诗》时，感觉一篇篇短文就似一个个可爱极了的孩子，怎么疼爱都不够！

到底要用多久读完这本书？一小时，一整夜，也可以是一辈子。慢慢地读，慢慢地品，丝毫没有倦意。孩子的声音是天籁，需要你抛掉所有枷锁，放下一切尘世包袱，需要你不含一丝杂念，需要你完全敞开心扉，静静地感受，甜甜地回味。

世上再伟大的作品在孩子的语言面前都如灰尘。

感谢推荐给我这些诗的那个大男孩。

㉟《我的另一个舌头》 （王蒙）　　　（2017年11月9日推荐）

编者说是精选，我只觉得书中有三类短文特别好。其中最触动我的是回忆自己老师的那篇，简直就像是小学生写的作文，但因其真挚，所以感人。值得一读！

㊱《不负韶华好读书》 （季羡林）　　　（2017年10月30日推荐）

对于季羡林老先生，我只有崇拜、膜拜！他是著名的文学家、语言学家、教育家、国学家、佛学家、史学家、翻译家和社会活动家，北京大学副校长，北大唯一的终身教授，蜚声国际的东方学大师！

这样一位大家，却无比朴素低调。他的文章质朴无华，毫不雕琢，发乎内心，直指人心，洞察世事，荡涤灵魂。

㊲《故事生灵》 （贾平凹）　　　（2017年10月28日推荐）

人人心中都住着一个故事生灵。它影响你的心智，撰写你的命运，一口一口吃光你此生的时光、忧伤和孤独，你也便成为幸运而珍贵的人。

㊳《若如斋吟草》 （黄衍增）　　　（2017年9月28日推荐）

昨日下午，偶遇黄老。黄老说要赠书一本，到车内反复翻找不见，连呼，哎呀，没有了。我当时心里很失落。没想到当晚，黄老传话过来，七旬老人家竟然开车回家找了一本又送到单位来。我一小辈何德何能竟让黄老如此垂爱？感动涕零！

黄老是著名书法家，是真正的书香门第。我拿到黄老的书后便迫不及待地翻看，那古朴风格的装帧，灵动神韵的文字，深深地吸引着我。

黄老的诗文造诣真得很深。我虽对古诗文不懂多少，但读来常常内心"怦然而动"。以为黄老的诗不输诗文大家，看黄老的诗：有的气定神闲，意境高远；有的用词清朗，言简味长；有的童心未泯，俏皮活泼；有的寥寥数语，情真意切。透过书画，感觉黄老颇有板桥郑燮之高风，如磐石坚强、青竹劲挺、兰花高洁。幼起便熏陶于良好家风，勤勉自励，洁身自好，爽朗质朴，恬淡旷远，守志不阿，巍巍中山城，涛涛久远风。幸有黄老这样的大家！

39 《动物农场》 （[英]乔治·奥威尔） （2017年8月10日推荐）

1. 作者写了一个任谁看了都会发笑的，荒诞而又"写实"的故事。

2. 翻译苏福忠三十年后重新修订。新版本还增添了奥威尔的四篇散文，这些散文是吸引我重读的原因。

3. 奥威尔是英国作家，20世纪40年代（1943年）完成了《动物农场》，隔几年后完成了《1984》，两篇都是经典。读者如果注意到作家的成书年份就一定会对其佩服不已的。

4. 读者可能会忍不住浮想联翩。因书中描述的事件不缺雷同者，你要相信这纯属偶然！

5. 奥威尔被称为"一代人的冷峻良知"。读他的书，你会明白为什么这么说。

6. 感谢这个时代，能让我这个小民看到这样的书！这只能说明时代在进步！

40 《二十四诗品》 （司空图） （2017年8月8日推荐）

诗品韵析，词清句丽，风貌独特，后世难及。

信手拈来，酷暑中得一丝清凉！值得！

41 谁令骑马客京华 ——倾心推荐《寻找家园》（2017年8月5日推荐）

随便写几句吧，谈不上读后感更不是推荐词。因为相比此书，其他语言就显得苍白无力了。

1.《寻找家园》中的每一篇都堪称一流散文！选几篇放入中学教材或拓展阅读材料未尝不可！

2. 高尔泰本是画家，从小心属自由画界；是美学家，但美学没有给他任何好事，苦难倒是如影随形；是哲学家，但始终是被打倒的那一种。这样一个传奇人物，写出来的东西一定不俗。

3. 高尔泰这个人有钢铁的意志，倔强的个性，耿直的肠子，无畏之胆量，赤子之纯心。可贵的是透过文字可以直观其心！

4. 如果这个暑期我只能选一本书，我应该选这本《寻找家园》，本来这是买了几本送给朋友，但因其质量和"厚度"好过之前那本老朋友送我的简本，所以留下一本。早就惦记着要再读，假期有空再次重温，依然受到深深的触动，好书不输时间。

5. 真心期盼朋友们看看这本书！

6.《没有地址的信》这一篇最是令人牵肠挂肚，但我不敢或不愿先看，留待最后看，看了还是忍不住……

42《逝年如水》（周有光）（2017年8月3日推荐）

这是一位112岁的老人的口述。之前我零零散散看过他的一些文章，对他早就无比敬仰。今年，在"上帝总归还是记起"这位老人之后，我就决定一定要完整阅读这厚厚的一本自述传记，既是崇敬，也是怀念！

这是享誉海内外的语言学家、文学家、经济学家胸怀坦荡的声音！是那么朴实无华，就如邻家老爷爷讲的妙趣横生的故事。

这是一位早就将生死置之度外的思想者对中国百年历史真实而深刻的述说。没有遮掩，无须夸张，铁骨铮铮！这是一位与老伴相濡以沫70载的老人，他用一生守护着曾经的一诺，诠释着情比金坚！

这是我所听闻的最为豁达之人，"有趣味"是他看待这世这人的最佳视角。

这是一棵大树，如同老人家居所院内那棵百年老树一样，历经沧桑，但荫蔽大众，泽被后人！

43 《隐藏的现实——平行宇宙是什么》 （［美］布莱恩·格林）
（2017年7月30日推荐）

推荐理由：

1. 作者布莱恩·格林是个高颜值的帅哥，而且智商超高，是物理学家和超弦理论家，也是国际知名的科普明星。

2. 这本书出版不久销量即达百万，主要读者群在欧美。

3. 虽说是"科普读物"，但读下来真不容易！我是断断续续零零散散地近半个月才算"爬"完，经常是"一头雾水"。但是，的确非常有趣，否则我也不会坚持读下去。

4. 一定会让你"脑洞大开"。读后我发觉最大的收获是让我经常可以畅快地"天马行空"，想象能力提升了一大截。

5. 书中关于宇宙的描述真是美极了！

44 《文心》 （叶圣陶、夏丏尊） （2017年7月28日推荐）

1. 20世纪30年代的畅销书，今天依然"畅销"。

2. 两位作者，叶圣陶和夏丏尊。两位作序之人，朱自清和陈望道，都是名家！

3. 本书写到三分之二，两位作者成了儿女亲家，这书是送给孩子们的结婚礼物。

4. 战乱纷扰，烽火连天，国事家愁。教育者的赤子之心跃然纸上！

5. 迄今为止，我看到的最为通俗易懂的语言常识类专著。

6. 书中所秉持的观点在今天依然不失为真知灼见！敬佩，敬仰！

④⑤《大教学论》 （［捷］夸美纽斯）　　（2017年7月28日推荐）

推荐理由如下：

1. 经典。

2. 教师案头必备。

3. 家庭教育参考。

4. 教育理论研究重要文献；300年前的论著今天依然光彩夺目！

④⑥《岛上书店》 （［美］加布瑞埃拉·泽文）（2017年7月23日推荐）

迟来的推荐！两年前朋友就推荐我看，没想到居然没"排上号"，实在是无心之举。关于这本书的溢美之词相信早已充斥于各种形式的书评或"口碑"。看过之后我也同样被感动、被激励。此书值得一看！

书中直接提到或间接涉及的美欧作家著作不少于200本。那么，这就必然有个语境的问题，美国国内具有一定文学素养的人一定会从书中会意到很多意趣，此书畅销和热卖就是必然的了。继而到欧洲国家，相似的文化体系也会有很大的读者群。但是，在中国，我相信绝大多数普通的读者也和我一样，对书中提及的多数美欧著作几乎没有涉猎，语境狭窄许多，对这本书的理解必然不够深刻。就好比把鲁迅的书译到印度或南美一样。

即使如此，依然阻挡不住《岛上书店》发出的精神之光，光耀小岛，光耀任何心灵尚未荒芜之地。

还有，每章之前的书评都让我心动，是爸爸送给女儿的温暖的"精神小窝"。

唯书与爱，不可辜负。

47《直到那一天》［法］米歇尔·普西（Michel Bussi）

（2017年7月21日推荐）

推荐理由：

1. 悬疑的情节足以让你废寝忘食。

2. 细腻的描写足以让你赞叹不已。

3. 严密的推理足以让你深深信服。

相信这个故事一定会被搬上荧幕，一定会成为脍炙人口的大片！正在享受假期的朋友们，不妨抽出三五个晚上的休闲时光，阅读吧！

48《我在雨中等你》（［美］加思·斯坦）（2017年12月18日推荐）

如果此时窗外阴雨绵绵，如果此时恰好你空闲，或者你是个爱狗人士，抑或是喜欢赛车之人。也许这些都不是，但你热爱家人热爱生活，那就足够了，建议你看看这本"畅销书"，一定会引发你的一些思考，产生别样的感受。

不可否认，书中讲述的故事的确很温馨很感人，总是不经意间轻轻撩动读者的心绪。这是一个以狗的理解去诠释"爱、责任、家庭"的故事。同《义犬八公》《一条狗的使命》一样，都让我们很尴尬地意识到，在狗的视界里，人其实从来都无处遁形。

49《国学与人生》

（2017年6月30日推荐）

此书于我，属于那种理科出身的外行人进入国学之门的导引之书；于我的一些有文学功底的朋友兄弟，则是修身静心读物；于从事语文工作者，当为一部难得的典籍注释；于国学爱好者，则如一位能直抒胸臆且具真知灼见的辩友。

50 《鼠疫》 （［法］加缪） （2017年6月16日推荐）

拿起这本书，脑海里一下子闪现出"非典"及非典时期的记忆。《鼠疫》里，他们称这场变了种的（实际上每一次新的疫情都不会和过往的完全一样）鼠疫为"淋巴结炎"，官方称为"非典型性淋巴结炎"，开始是"淋巴鼠疫"，后来是"肺鼠疫"。

人类历史上关于鼠疫的记载从不缺少，虽然人类在不断进步，但那些古老的瘟疫从未被赶跑。加缪的《鼠疫》和迟子建的《白雪乌鸦》写的都是抗争鼠疫的故事。但与《白雪乌鸦》那种引人入胜的叙事风格不同，这本书的阅读是从乏味开始的，慢慢地，乏味感越来越强。

直到第三部、第四部，我才渐渐明白为什么这本书在世界文坛有如此高的地位了。作者如一位哲学家，甚或是先知或人类的精神导师，深刻而豪不留情面地剖析人性，把人的自私、软弱、愚昧一一剥离外衣后放到阳光下炙烤，同时也把人的善良、勇敢、抗争毫不掩饰地释放出来。至于说，使用文字或什么写作手法，只需看看描写检察官儿子受"虐"那段就明白了，前几篇章平淡无奇的叙述，是有意为之，更显其文字的炉火纯青。

这本书任谁读了都很难心情平静，不由得你不"杞人忧天"。

根据医书所载，鼠疫杆菌永远不会死，也不会消失，他们能在家具衣被中存活几十年，在任何可能的角落里躲藏悄悄变异。下次鼠疫光顾时，人们该怎么办呢？每一次瘟疫肆虐前人们总是认为当下的医学或社会组织的能力都足以应对，但结果是人们再次为人类的狂妄无知而付出惨重的代价！《白雪乌鸦》里等到严冬的到来，疫情才疲惫继而溜走，《鼠疫》里也是要到最严寒的一月，或者再加上曾经屡次失败的血清，瘟疫才退让。

鼠疫最可怕的可能不是死亡，而是啃噬人们对生的信仰，以及那无时无刻不被碾压的尊严。但多数情况下，人们并未绝望，人们安慰自己的话就是"总有比我更受束缚的人"。然而，这也是唯一可以安慰一下的想法。

值得庆幸的是，人的内心中值得赞赏的东西远比要唾骂的多！

51 《茶馆》 （老舍） （2017年6月15日推荐）

到厦门某校观摩学习，羡慕其戏剧社，遂产生了了解一下剧本文学的念头。待我返回住处后想找一间书店，厦大一位同学刚好要去看书，于是就热心地带路并轻车熟路地指引我所需这类书的摆放处。于是，这本书就轻而易举地成了我的架上之宾。

《茶馆》是老舍的代表作。这对很多人来讲都不陌生，原来高中课本里也有节选。《龙须沟》也有节选篇目进课本。不知是那个年代的原因，还是戏剧本身的要求，其中的语言啊，朴实得不能再朴实。这人物也是个性鲜明，代表性强，绝无重叠。老舍真是不折不扣的人民文学家。要说其著作最鲜明的特点就是"给人民看的文学"。他提出"文学是以美好的文字为心灵的表现"，文字应该"脱去花艳的衣裳"等都特别值得尊崇！老舍的作品都很写实，这与其自身生活体会息息相关。他虽为满族正黄旗，但年幼丧父，母亲在贫民窟给人洗衣服糊口，尝尽了最底层社会的苦难与挣扎。

据了解，《茶馆》曾发表在《收获》上，《收获》是我初中时就喜欢的刊物，由此对《茶馆》又平添了几分喜爱。

52 《读书的方法与艺术》 （刘永红） （2017年6月14日推荐）

昨晚做了一回服务生，为一个小型聚会端茶倒水，递烟点火。什么样子的聚会呢？一群读书人畅谈读书之法。有谁呢？鲁迅、胡适、林语堂、老舍、邓拓、冯友兰、杨绛、金克木、王安忆、张炜、流沙河、周国平……我跑来跑去，忙得不亦乐乎。室内，各路大家悠然自得，不争不吵，畅所欲言，或娓娓道来或慷慨激昂或抑扬顿挫，间或嗔痴怒骂、语重心长……不觉中东方欲晓，各自散去，狼藉的桌面上竟然放着一本会议记录，我如获至宝，看来这是对我这勤勉服务生的褒奖！这记录就是《读书的方法与艺术》。

这世间没有哪一本书是一个人非读不可的。每一本书总会在某时某处与一个人遇见，每一个人也总会在某时某处与一本书遇见。遇见是书与人相通的唯一缘由和必然结果。

㊼ 随意阅读，自由思想 ——推荐严歌苓《芳华》

（2017年6月13日推荐）

如果一个人的阅读不是自由的，思想不是自由的，那还有什么是属于自己的呢？这本书就是随意的选择。是因为严歌苓，是因为书名，是因为封面的设计。虽然读后没有原来期待的那种兴奋，但严歌苓的好作品还是让人印象深刻的，如《陆犯焉识》。但《芳华》依然让我打开了一篇对我来说绝对陌生的"窗"，看到了光耀之下的凄楚，看到了人性扭曲背后的挣扎，更看到了绝望时代充满希望与梦想的芳华！

每个时代都有每个时代的骄傲与悲伤。回忆并述说曾经的时代，就会不可避免地"选择性记忆"，正如书中所说"记忆也要成长"。《芳华》作者无疑是选择了质问和抨击，无论是对"英雄"，对"人性"，对"高尚"，还是对"善良"，都有她的迟疑与笃定，信仰与迷茫。

这本书没有目录，没有章节，没有篇名，没有序言，没有后记。开头未必说明开始，结束不一定就是结尾。感觉是想到哪儿就写到哪儿，写丁丁时来几页小曼，写刘峰时插一些淑雯，本来也是相互关联，但就是觉得随意。随意地书，随意地写，难道我们不能随"意"地读吗？

㊳ 《天堂蒜薹之歌》（莫言）

（2017年6月12日推荐）

一个人要成长，一个家庭要成长，一个族群、一个社会、一个国家都要成长，成长必然会付出代价，但能够正视这"代价"就是进步！

这本书是我在旅途中读完的，大巴车的颠簸，高铁上的疲乏都没能让我停止阅读，我的心一直揪着！说不上什么原因，总是心口闷闷的，所以我应该是一直紧闭着嘴，神情严肃地看完这厚厚的一本书。

推荐朋友们也看看，不要当作真人真事，或者新闻报道、报告文学，就是一部小说，莫言的小说……

55 《医本正经》 （懒兔子） （2017年6月14日推荐）

这本书通俗易懂，简单实用。内行可能视为小儿科，咱外行就是看热闹。但老师们偶尔还是要读一读医学方面的科普书籍的。

56 《檀香刑》 （莫言） （2017年8月3日推荐）

大赞会听故事也会讲故事的莫言。

莫言的确是一个会讲故事的人，他讲的故事让人爱听，虽说总是以山东高密为背景，总是那么几个典型的人物，也总是那些些事，可一串上大历史、大潮流的那根主线，这故事就讲得有滋有味了。

《檀香刑》就很有意思。这故事讲的就像过去"说书"的，只要你听了个开头，就别想走开。

《檀香刑》讲了一个什么故事呢？你看过后，一定对那些"刑罚"印象深刻，尤其是这个"檀香刑"。

莫言也一定是个会听故事的人。会听故事，自然慢慢地记下故事；会听故事，自然也知道别人喜欢听什么故事；会听故事，自然也就会讲故事。你看《檀香刑》里赵小甲那絮絮叨叨的"傻话"，透过"虎须"，把各色人等的"真身"看得清清楚楚。白虎钱老爷、黑豹赵亲爹、尖嘴大刺猬刁老夫子、灰狼衙役、白蛇老婆……这不就是《聊斋志异》里《梦狼》的故事吗？在那个故事里，"堂上、堂下，坐着、卧着，皆狼也"，噬人"白骨如山"，恶虎"牙齿巉巉""况有猛与虎者也"。

莫言的故事里，还有很多处有着那些源远流传下来的古老故事的影子。只是，我很好奇，是谁？是什么样的人把这些故事讲给莫言听，让他听着听着就在脑海里生成了自己的故事，而我们，就是这些故事的忠实听众。

老师们有空可以翻翻心理学方面的典籍。

写读书推荐似乎已成为我所自我设定的职责。我很感动有那么多的朋友、同学、同事、学生积极回应，即使是意见相左、观点对立，也是基于对我的信任。

虽然有时候我的理解与一般读者不尽一致。但我依然坚持写自己的感受，说自己的语言！读书如果没有跟着自己的心走，那还读什么呢？

就好比今天要写的推荐，就是"自说自话"，和我读这本书时的感觉一样，没有严谨的逻辑性，好像心里想到什么就说什么。

著作本身的高度无疑是不可企及的，但是我只给了三星，从于内心而已。尽量不受他人评判的影响是我读书推荐固守的准则。

这本书的第四、五章读着还是饶有兴致的，第六章虽晦涩难懂，但的确很吸引人读下去。第七章则让人完全没感觉，感觉不知所云，可能其中涉及西方神话及宗教和民族特质等让我难以理解。"塔楼生活"一章可以洞见作者的思想世界。"旅途"这一章非常有趣。当看到"十幻象"一章，特别是那位原型是国王的医生代荣格而死时，你就会发现，荣格可能把自己看成了上帝或神。"后期思想"这一章本来很期待，无奈自己读着丝毫没有"进入"的感觉，味同嚼蜡。

很想知道，100多年前的欧洲，心理学研究已然达到如此成就，而那时的中国又是怎样的世界呢？

任何科学的真理都只在一定时期内、一定空间里、一定人群中适用，永恒的真理似乎不该存在！

从荣格的叙述中，我怀疑弗洛伊德是否有心理疾病甚至精神类疾病。书中后来也指出这一点。一个心理学的泰斗，精神病学鼻祖级的人物，居然自己就是一个精神病患者！

但在阅读中，我意识到，荣格和弗洛伊德可能有着共同的自己没有意识到而别人已发现但又不敢明言之处，即两人都有神话自己的倾向。

我甚至提醒自己,对心理学及神经医学感兴趣可以,但不可以深入,只在门外窥探即可,切莫进入其中,尤其是小心沉迷不能自拔,这很危险,我觉得心理学可能并不适合意志力薄弱者接触!

阅读这类著作比较困难,尤其是对释梦、心理术语等专业性内容的理解。文中多次提到中国的炼金术方面的研究对其心理研究的帮助较大,炼金术的研究是什么?和我们认为的炼丹术是一回事吗?

该书我是从中间部分开始读的,因为我跨过了叙说作者儿童时期的章节。所以一直在想,是什么样的童年经历让作者如此执着且耐得住孤独寂寞的?能做出如此坚韧的思考与研究确实不同于常人!是不是会被正常的普罗大众认为"怪异呢"?

令人遗憾的是,阅读此书给我打击不小,不是想好好阅读就能读懂的!正如作者说"永远也不能理解数学"。我稍懂一点数学,可我体会到"永远也不懂"是个什么滋味,因为我永远也不懂心理学家的世界。

58 《国文趣味》 （姜建邦） （2017年5月28日推荐）

实在忍不住要在难得的小假期中推荐一本书,因这本书实在有趣!

该书适合人群较多,如有小孩正在读书且有意愿辅导小孩的家长,以及正想积累教学素材的语文教师,还有喜欢读点文学文字研究类书籍的人或是正在上学的中学生等。

引用原书中名家的推荐词:

作者是一位老实而坦诚的读书人,可以在任何时刻与你促膝闲谈。他把文字和文学当作自己的宝藏,带着几分自得,向人指点迷津。这样的谈话,是足以让人舒适怡然的!

当然,作为民国时期的文人,所著的作品必然和当下的时代有不同之处,如图书馆检索、字典查字、易混易错字(非简化)等。读者自行甄别取舍。

59 《爱默生家的恶客》 （木心） （2017年5月20日推荐）

木心的文学素养、文字功夫，以及其博学、睿智和思考之深刻，皆如星耀苍穹，只能仰视膜拜。这本书是木心的杂文选编，初看时觉得确实有点"杂"，细思量，这是否就是东方西方古今远近各种文体多样手法的荟萃呢？

第一辑中《圆光》最耐寻味；第二辑稍显晦涩；但第三辑，尤其是末尾两篇作者说取自《二拍》并有删减的小说，实在不知是何用意，而且不明白这与前两辑有何内在外显的关联。

旅行前最重要的事是选几本书，旅程中往往要感谢有书，比如现在，大巴车塞在路上缓慢爬行。如果不读书，还能做什么呢？

60 《漫长的告别》 （雷蒙德·钱德勒） （2017年5月20日推荐）

如果你喜欢看推理小说，这本书比较适合；

如果你喜欢看言情小说，这本书寄予多重悲情；

如果你喜欢看纯粹文学，这本书堪称经典；

如果你喜欢看侦探小说，这本书的推理水准百年不落；

如果你喜欢看悬疑电影，估计很快就会有这本书改编的影视大作！

况且，村上春树为此书做了两万字的序，推崇备至。钱锺书亦赞颂有加！

61 最有力量的承诺 ——兼答"情怀与信仰""从何而来"之问

（2017年5月17日推荐）

推荐葛瑞格·摩顿森的《三杯茶》。

《三杯茶》是我早些年买回的一本书，听说过关于这本书的评价，一直没看。今早又要长途旅行，收拾了几本书，其中就有这本。正如我所期待的那样，这是本真正的好书。一定会触动内心，无论你是教师还是其他什么人！我不相信有人读了这本书后会无动于衷……

这本书类似报告文学，语言平实但不平淡，写作手法不加雕饰却一样扣人心弦。当然，这些与书中所传递的那种精神力量相比都不值一提。

该书讲述的是葛瑞格（一名登山运动员）在遇险被救后承诺要为巴基斯坦山民建一所学校。之后，他为此付出了艰苦卓绝的奋斗。已然从攀登一座座有形的山峰，到悄悄地攀登更伟大的属于自己的高峰！

说他是英雄，没错，一个跋山涉水、顽强不屈、勇敢无畏地穿行于贫瘠恐怖与硝烟交织的土地上的人当然是英雄！但不如说他只是一个坚持"说到做到"的普通人。因为我们太需要这样的人了，直到让这成为普通之事。我们需要更多人懂得一个人如何通过自身的努力达到别人看起来遥不可及的目标。

很多读者都喜欢"扣题"的那句话：敬上一杯茶，你是一个陌生人；再奉一杯茶，你是我们的朋友；第三杯茶，你是我的家人，我将用生命来保护你。这体现了巴基斯坦淳朴的民风和善良人的期许。但我觉得最为重要的其实是这三句后面的话：你要细细品上三杯茶，放慢脚步，好好理顺人与人之间的关系，处理好这种关系和达到最终目标同样重要。我们能学到的东西远比能教给别人的多。这恰好解了我近来的心头之惑。

年青的老师们，师范院校的同学们，当你决定报考师范院校时其实你已经做出了承诺，庄严的承诺。你就有责任信守诺言，"我们正在努力的事情也许只是大海里的一滴水，但是如果没有了这一滴滴水，大海一定会变小，直至干涸"。

---

62 《望春风》 （格非） （2017年5月7日推荐）

到长春进行教师招聘工作时，在往返航班上阅读了《望春风》这本书。这是同事带的书，我等他看完后赶紧争分夺秒地阅读，并在返回的飞机上还了书。

故事讲述了主人公赵白鱼（伯渔）孤苦飘零、压抑无奈，又冥冥中注定晚来慰藉的一生。儒里赵村风雨飘摇的过往，人去屋空的昨天，荒凉凄然的今天，看不到明天的明天。还有村里众生之相，浓缩了各方人各处事，浓缩了时代变迁，浓缩了人性的多面与善变。于纸上于笔端，你会赫然可见人性美丑，随意挑拣真假面具。

有人说此书是向乡村的告别之作，而我则认为应该是迎接未来的宣言。

还剩下几十页就读完时，和同事讨论此书，我颇多微词。主要是觉得时间线索混乱，叙事结构碎片化，零散跳跃；悬念不悬，有些又太过故意渲染；对人物的描写刻画表面化，对背景时代太过淡化等。

但是，当读完最后部分，知道了作者设定这故事的讲述记录者就是主人公——一个早早成为孤儿，"没多少墨水"的，老来得到真爱的，沧桑的"呆子"，且在写作中任由老婆春琴"定夺"时，我知道自己真是又浅薄了一回。看来，这看似随意且混乱的叙事风格正是格非要给这本书定下的一个基调，不得不佩服！

阅读这本书的过程，恰是我到东北出差的几天。回东北近似于回故乡，更有一番滋味。

长春是吉林的省会，东北重镇，离我工作的城市哈尔滨有300公里，离我出生成长的城市大概500公里，与相聚4 000公里的广东相比实在不算远啦。在朋友圈发了几张东北师大校园的照片，相当于宣告"我到东北了"，立刻有亲人朋友同学呼应，要求放下所有大事小事，顺道聚一聚。我忙不迭地回复道歉，心里说不出的滋味，既喜悦欣慰，又无奈感伤。一位老同学且是高中同桌无论如何都要聚聚，我在师大搞面试，他在招聘现场等，我们结束工作前，他在酒店等，见面后热情款待，席间觥筹交错，让一直喝水的我也感到醉意朦胧。

我们离开长春的那天，尘沙满天，我心情亦沉重。今天，老同学发来图片，今天的天空湛蓝。

春风来了，偶尔会带来沙，但春天的脚步不会停，春光里的绿树、红花、蓝天、白云也一定会不期而至！

望春风，意踟蹰。故乡在北，一路向南。

63 《在无趣的时代活得有趣》 （周国平） （2017年4月14日推荐）

航班延误，延误的时间大约可以读完半本书。

周国平的文字，至情至性，冷峻的表述下缓缓流淌着醇厚的温柔，读着读着，你的浮躁就会抽丝剥茧般慢慢剥离，让人感到恬淡而精美。

阅读，其实就是与思想者对话。不限时间地点，不限古今往昔。只要你的思想领地打开，就可与智者相约，然后，你就会发现，这场景似曾相识。

有时好比相约多年不见的老友。一见面就是重重的两拳捶向你胸腹，见你踉跄且咳嗽，还要嘲笑你真是老了，然后紧紧地拥抱，接下来，不论眼前是美食大餐，还是家常小炒或花生咸菜，不论是啤酒白酒，还是粗茶冷水，一概兴致盎然，一起侃侃而谈，一律通宵达旦。

有时又像遭遇一位干练紧致的粗壮中年汉子。根根直立、密实黑亮的头发时刻告诉你，他的倔强与"尖锐"，你只能恭恭敬敬地斟上一杯茶，双手捧至他面前。他则一手垫在脑后，一手捏着快要烧手指的香烟，双眼盯死了嘴里鼻孔呼出的烟圈，慢条斯理地说，这人哪——

有时好似与一位不修边幅的长者促膝深谈。幽深的目光上下打量你一番，淡淡地倾诉早年经历过的那些人那些事。一段话结束，一个故事就翻篇，一颗豆子就甩进微张的嘴里，嘎巴嘎巴旁若无人地嚼着。你再好奇地问东问西，他都置若罔闻。

……

阅读，时间总是过得好快！

64 《额尔古纳河右岸》 （迟子建） （2017年4月8日推荐）

在清晨，悠闲地开启这本封面简洁的书，在子夜，凝重地合上了它。薄薄的三百页翻开的是荡气回肠的鄂温克百年风云。

放下书，耳边，拴着金色铃铛的木库莲清脆而悠扬的声音依然在回响。

每个民族都会有属于他们自己世代传颂的爱情故事，或壮烈或哀怨或凄美或惊艳。而这里的每一个爱情故事都是那么真实、那么纯净，心为之战栗。

这里有动物的故事：熊、驯鹿、马、灰鼠、蛇，它们早已与族人融为一体。

这里有酋长和萨满神的故事，也是鄂温克族魂灵的故事。

还有父子兄弟、姊妹婆媳及祖孙间的亲孝之事，你可能会随着故事或欣喜气愤，或忧伤大笑，或愤慨哀怨，但绝没有龌龊和卑劣。

21世纪到来，鄂温克族人要走出山林了，无论情愿与否，甚至来不及细细地思量。激流乡书记说，放下猎枪的民族才是一个文明的民族，况且放下了枪是要保护森林。

她却说，我和我的族人还有驯鹿，从来都是亲吻森林的。

读一读吧，亲爱的朋友们，让我们的心灵在额尔古纳河清澈沁凉的河水里荡涤一回。

65 光影之下的瑰丽 ——且看宋诗里的铁骨柔情（2017年4月7日推荐）

推荐钱锺书的《宋诗选注》。

《宋诗选注》的编者是钱锺书，这是一位值得敬仰的老实的学问人。他参考了许多史料来证明诗歌的真实。

与这本书相关的当代名家不仅有作者钱锺书，还有郑振铎、何其芳、余冠英，是不是平添了几分厚重感？

66 《文化苦旅》 （余秋雨） （2017年3月30日推荐）

这是一本多年前就令我心动的书。如今旧书重读（新版），依然能引起共鸣。当年我第一次读这本书时真是触动很深。第一次知道我们国家、民族还有那么多看似平淡无奇，实则奥妙精深的物质文化；第一次意识到该用怎样的历史观去审视自己的文化；第一次发现原来游记能写得这么深刻；第一次接触到笔调如此轻快自如的"严肃"主题的文章；第一次窥见有如此思想的社会公知……

山水风物，文化灵魂，人生真谛，无论你赞同与否，他的融会贯通之笔当为一绝。

67 《无比美妙的痛苦》 （[美]约翰·格林）（2017年3月19日推荐）

这本书开篇平淡无奇，互助组和各类癌症名称倒也触动过我的神经，但毕竟老套而且少年文学味十足。心里不免自责，"告诉自己多少次了不能相信什么排行榜，还是被涮了"。几欲放下，但翻开书不看完对我来讲更是折磨。于是继续看，当看到61页，我就断定我的坚持是正确的。读到82页，我认定这一定是本难得好书。读到第91页，我很难过自己曾产生过放弃的念头。读到127页，奥古斯塔斯说，"因为这是我的人生，妈妈，它属于我"。我就知道难以放下了。读到196页，我确定今晚我将彻夜难眠。到240页，读到"在你有限的日子里给了我永远，我满心感激"时，我不知道还有什么样的读者读到这儿会吝啬眼泪。后来，我全然忘了自己是在读书。

天还没亮？这是偶然抬头发现的真理！在书的最后几页，译者说"这是关于爱和恐惧的故事"。合上书，想看看昨晚是否错过了什么——下了一整夜的雨。

宇宙需要制造然后又毁灭一切可能之物，今天是它、她、他，他日你也相同。

这世界，不是满足所有人愿望的大工厂。

在这个世界上你没法选择受不受伤害，但可选择让谁来伤害你。我越来越相信，无论怎样，每个人在这世上总有一个守护她（他）的天使！

68 自由与爱的归来 ——再读《陆犯焉识》 （2017年8月3日推荐）

重温严歌苓的《陆犯焉识》，再次深陷其中，情绪随着笔触跌宕游走，任其"翻手为苍凉，覆手为繁华"。

电影可看，此书可读，真诚地向朋友们推荐！

69 **《中国历史地图集》** **（谭其骧）** （2017年3月11日推荐）

如果有一类书籍，几乎没有多少人关注，也根本没什么用处，看了也记不住，却能让你觉得是如获至宝，看得自己古今神游，看得自己头昏眼花，那么这只能解释为兴趣了。

历史地图册——还能找到对此也感兴趣的人吗？

多年前在书店淘到打折处理的这套书——《中国历史地图集》，厚厚的，搬了几次家，淘汰了很多旧书，却从来舍不得丢掉它。想来也许还真有一种用途，就是可以自主地用它"虚度"光阴！

70 **多版本"论语译注"** （2017年3月6日推荐）

比较阅读，乐在其中。

《论语》的多个版本中我最喜欢孙钦善的《论语本解》；

最不喜欢杨伯峻的《论语译注》；

李泽厚《论语今读》还好；

辜鸿铭的《讲论语》也挺有趣。

71 **《随园食单》** **（清·袁枚）** （2017年2月5日推荐）

已过不惑之年，读书逐渐成为自我休闲之道，无功利之求，更无非做不可的压力，更多的是随性而选、随心而读。

就如今日推荐的《随园食单》，可以说是闲书一本，当然也可以看到其中的托物言志。

但更多的是看出所谓的文明人的"矫情"，文化人的情怀，清高者的个性，不羁者的洒脱。

在须知单中他开宗明义地说："学问之道，先知而后行，饮食亦然，作须知单。"在戒单中云:"为政者兴一利不如除一弊,能除饮食之弊,则思过半矣,作戒单。"这些都颇能引起共鸣。至于那些"菜谱",我就兴致索然,估计酷爱中华美食者会"饶有兴致"。

其实,袁枚最为人熟知的应为其诗文贡献,比如《随园诗话》。随园到底是个什么样子?有机会一定要去看看。《杂兴诗》里描写随园:"造屋不嫌小,开池不嫌多;屋小不遮山,池多不妨荷。游鱼长一尺,白日跳清波;知我爱荷花,未敢张网罗。"据说随园四面无墙,每逢佳日,游人如织,袁枚亦任其往来,不加管制,更在门联上写道:"放鹤去寻山鸟客,任人来看四时花。"诗情画意,令人向往。

还有高中语文课本里的《黄生借书说》里那几句常拿来调侃的名言:"书非借不能读也。子不闻藏书者乎?七略四库,天子之书,然天子读书者有几?汗牛塞屋,富贵家之书,然富贵人读书者有几?其他祖父积、子孙弃者无论焉。非独书为然,天下物皆然。"

值得敬佩的,还有袁枚的爱民,个人非常羡慕其受民拥戴。(以下摘自文献)乾隆五十三年,73岁的袁枚,受沭阳知名人士吕峄亭的邀请,又到沭阳作客,沭阳各界,一部分人曾趋前30里迎接。袁枚面对如此拥戴他的民众,写下了情意真挚的《重到沭阳图记》。袁枚在这篇短文中深有感受地说:"视民如家,官居而不能忘其地者,则其地之人,亦不能忘之也。"官爱民,民爱官,此真不失为一方父母官的典范。

当然,最羡慕的还是袁枚的洒脱和通透!

先生24岁中进士,随后入翰林。33岁辞官,随后一直过着闲适的生活。好友钱宝意作诗颂赞他:"过江不愧真名士,退院其如未老僧;领取十年卿相后,幅巾野服始相应。"袁枚对曰:"不作高官,非无福命只缘懒;难成仙佛,爱读诗书又恋花。"

在《咏筷子》诗中他言道:"笑君攫取忙,送入他人口;一世酸咸中,能知味也否?"古来能达如此透彻者又有几人?洒脱何其难啊!

72 《大设计》 （霍金） （2017年2月3日推荐）

这是一本比较容易接受的科普读物，能看得出作者和译者尽可能地使其语言更平实。值得一看，而且能够看进去，虽然有大部分内容依然不可理解，如"塌缩的纬度""概率幅度""量子论"，但依然掩盖不住本书迷人的魅力，使你一边"费解"，一边饶有兴致……

我在读此书时，一方面对一些问题有了新的认识，另一方面又产生了一些疑问，这毋庸赘述，相信不同的人会有自己不同的感悟。但是有几点"题外"的感想觉得不吐不快！

一是，求知欲是人与生俱来的特性，教育者要呵护好儿童的好奇心和求知欲，更有责任激发儿童的探索欲，培养其探索宇宙的使命感和责任感，从这一点来看，某学校的校训"才华贡献人类"的说法毫不为过。

二是，人类终极使命就是要探索宇宙，探索多重宇宙，探索未知世界，为人类自身，甚至更宏远。

三是，探索宇宙刻不容缓，必须竭尽所能，要穷尽人类智慧。

四是，也许人类探索宇宙的障碍来自人本身的思维局限，不远的将来可能迎来新的科学变革。真正天翻地覆的变革，突破人的视界，"超人"（如智能机器、衍生智慧或超越人类的外星球智慧）智慧使得探索迈出实质性的跨越！

五是，科学的新一次的变革不应再缺少中国人的声音，甚至可能由中国人主导也未可知。这样的人也许就是学校里今天或明天的那个"顽童"。问题是，教育者们做好准备了吗?

73 《思考中医》 （刘力红） （2017年2月1日推荐）

为读这本书我做了很多准备，包括看了《说医不二》等科普知识书籍。即使如此，这本书看得也很累。等"啃"完之后，梳理一下，只是认识了此书精髓的一二，不是十之一二，而是百之一二。但这就足够了，此书改变了我懵懂意识中对中医的错误认识，读此书的过程中，我常常有顿悟的感觉。我也深信，中医之济世救人无可替代，中医的哲学价值胜于其医学价值！

在专业领域，对此书的观点自然褒贬不一，但这丝毫不影响此书传世的价值！出版十多年了，这本书从来不缺忠实的读者。读此书时常常油然而生为中华文明自豪之感。

因此，我必须向朋友们推荐此书。赵州庭前柏，香岩岭后松。栽来无别用，只要引清风！

74 《和青年校长的谈话》 （苏霍姆林斯基）（2017年1月12日推荐）

给那些做学校管理者的朋友推荐一本假期案头书。

我是一名学校管理者，我也清楚自己很愚笨，但是我一直很勤奋，当校长更是不敢懈怠。我不相信有哪个人可以聪明到不需经验积累就可以做校长，也不相信有哪个人聪明到不需要逐步提升就可以成为优秀校长，更不相信有哪个人可以不学习就能当好校长。

75 《借山而居》 （冬子） （2016年12月30日推荐）

这本书适合慢慢地读，读两遍或者更多。

1. 你能真切地感受到书中的语言都是作者自己的肺腑之言。

2. 你会钦佩作者很富有，尽管他经常断炊少穿，但那种富足是真切的、有质感的、粗糙的、欣慰的。富足其实就藏在平淡的深处，富足显现缘自专注而深刻的思考，深刻地思考源起自由！作者拥有自由的头脑、自由的双脚和自由的语言！除了自由还是自由！

3. 你会萌生很多念头，不切实际的念头。

4. 读了不会后悔！

76 《受戒》 （汪曾祺）　　　　　　　　（2016年12月12日推荐）

《鸡鸭名家》于用心之处落笔，笔笔传神。写鸡说鸭，比鸡群鸭阵闯进你眼帘还要逼真。写人，无论写余老五还是陆鸭，岂止活灵活现，简直就成了你再熟悉不过的老友亲朋一般，比老友亲朋更知根知底、知意明心。

《受戒》的故事平淡、人物平淡、语气平淡，只是那为了生活而"受戒"的无奈，时不时地逼仄而来。还有那少男（所谓的小和尚）少女清纯且清醇的爱情直让人不由得生出要去呵护着这一对儿的冲动，不让生活窘迫、世俗恶毒、杂乱琐碎碍着他们。受戒，是一份讨生活的差事，是真实的"作弊"。淡淡地叙来，淡淡地添了几分感慨、酸楚与怅然。

最喜欢的还是《鉴赏家》，现代版的高山流水。

还有，大小解分清之《异秉》的王二。

任谁读了《黄油烙饼》都要忍不住落泪，忍不住骂粗口，忍不住叹气的。

《徙》，时运弄人。深沉如墨般的云缝里一丝光亮挤出来，只不过照亮了一个纷繁荒诞的时代微小尘世中的几粒尘埃。

《侯银匠》中他那漂亮而有心计的女儿，再怎样也逃不脱的"藩篱"和屋里的命运。

《瑞云》，哈哈，奇闻逸事？看了就知道了，总会让你掩卷沉思。

还有，书中每一幅插图都很美，寥寥几笔，传神，却不知道怎样评价，不懂得欣赏，可就是爱看。

连续看了两本书，有意进行比较阅读。

同为随笔，《村上广播》是村上春树先生转型期的一部作品。《受戒》选了汪老先生不同时期的代表作。我甚至猜测，这本集子里可以有好多篇放进中学语文课本里。

77 《村上广播》 （村上春树）　　　　　　（2017年12月11日推荐）

读着村上春树先生的作品，不由得会让时间慢下来，心绪平复，心情悠然，舒舒服服的。

读村上的随笔，好比在乡村田间地头里晒着柔美和煦的秋日，听着朴实的乡音，好比在看一位幽默长者的微信朋友圈，好比围坐在一堆儿听老铁侃爷在卖力逗趣，好比僻静而有品的酒吧里听着大有来头的老板诉说，好比午夜里静静地守候在晶体管老收音机前回味磁性十足的广播，好比邻居阿婆和老母亲一起不无关心的窃窃私语……

淡淡的味道，但不是没有味道，酸甜苦辣咸一应俱全。

有甜。如观影，观剧，听音乐，收藏老唱片，仰望星星和为吉他曲发狂，还有散装的寿司。

有酸。如言语诙谐，借物抒怀。猫的"不愿活"，人的不想死，大衣里的小狗。

有辣。讽刺意味浓而不稠，如到中国大连动物园里看猫。

有苦。干脆自我臭骂一通，为着当遭到别人痛骂时没那么"难受"。

有咸。那可是阅历的结晶体。亦如中央公园里隼的睿智与坚决，餐车上欣赏窗外风景的独特意味。

还有，你会知道炸面包圈是怎么来的。

最后，这本书的插图不错，版画。

78 《火车印象》 （赵妮娜） （2016年11月18日推荐）

发现这本书的一刹那我即被深深吸引，很感激这位作者——赵妮娜。恰好，阅读的时候大部分也是在火车（高铁）上，倒也"应景"。

这本随笔选择了一个与亿万人息息相关但常常被熟视无睹的"主题"——火车。其实这本书就是写出了普通人眼里的火车及火车故事，但作者是个有心、有情怀的普通人，这就让本书有点特别了。

我不认为作者是位老练高明的作家，或许是刚"出道"，所以很多章节略显用笔稚嫩。但这并不妨碍其作品的可读性，这就是给芸芸众生里的"百姓"看的啊，而且看得颇有感觉！

其实，此书值得赞赏之处很多，图文并茂、娓娓道来、视角柔和、时空由意、文笔清丽、情感厚重，是很美的散文随笔，亦是很好的考据资料。可以在休闲惬意时慵慵懒懒地读，也可与小孩子一起作为科普读物去读。

这本书于我还有一层特别的意义。父母是铁路工人，小时候的家就在距铁路一公里的职工家属区。隆隆的火车声常常在寂静的夜里显得格外暴躁而刚猛。儿时大部分的成长与欢乐似乎都与铁路、车站、火车、远方相关。

喜欢此书，还有一层深意，它让怀念悄然袭来：怀念逝去的亲人，怀念儿时生活，怀念过往的同事、朋友、哥们儿，怀念与火车相关的那些丝丝缕缕的记忆……

⑲《中国现当代小说十讲》 （曹清华） （2016年11月17日推荐）

曹清华也许不是"大家"，但其"讲稿"绝对精彩！做老师的，喜欢文学的，或搞研究的都可以看看，一定能从中汲取营养。

讲两句题外话……我坚持做读书推荐，因为我感受到了信任和期待，这份信任和期待来自同事、朋友、尊师，还有学生；有熟悉的或未曾谋面的教育同行，也有家长，还有老同学……

我愿意做试金石，愿意分享自己阅读的喜悦与心路历程，没人告诉我必须这么做，我只是觉得我肩负着责任。这是自我的涵养、自我的修炼、自我的救赎，自我的信仰。所以，我坚持，我会坚持我的坚持！

⑳《草色连云》 （高尔泰） （2016年11月16日推荐）

高尔泰是一位画家、美学家、敦煌学家。写书让他名噪一时，所以他也是一位作家。但他不是一位高产的作家，除《寻找家园》外我只见过今天推荐的这一本《草色连云》。当年看《寻找家园》一书，搅得我老泪纵横。今日看其《草色连云》，有点欣喜，也有点失望。不过，他依然是把灵魂放于高处不肯低头屈辱的人，所以，我依然不减对他的崇敬。

听一位师者言，知识分子最明显的特质是具有批判精神。但我觉得更重要的似乎是求真！是敢于说真话，执着于求真相，勇于捍卫真理！

高尔泰就是这样的一位作家,有良知的知识分子!高尔泰说,他的写作只应答心灵,无关义务使命。其实,这使命感已渗入血液。

作者的思想有很强的穿透力,情感有很强的感染力。值得推荐,值得一读。

高老先生对于特定历史时段的真实记录令人敬佩,但其关于其他方面的"杂议"不敢恭维!

㉛ 《独药师》 （张炜） （2016年11月16日推荐）

诚如作者所说"以此书献给那些倔强的心灵"。

不得不承认张炜的书实在太过细腻逼仄。像作者的其他作品一样,《独药师》有很强的带入感。

不知道什么原因使得近年多省的高考选了张炜的作品做考题。

书中人物的一些争论令人凝思而不得其解。比如"仁善",杀伐是不是有仁善与大恶之分?比如长生,物我一统,无消无益即为永生?比如爱,比如教化……

只能说,这是一本厚书,这是一本有厚度的书。

㉝ 《战马》 （[英]迈克尔·莫波格） （2016年11月14日推荐）

这是一本适合少年儿童阅读的书,也适合教师或家长阅读,适合那些相信人世间真挚情感的人去读!

战马乔伊,是一匹充满传奇的高贵、勇敢、顽强、重情重义的马!比许多的"人"更加高贵!之所以高贵并非因其品种,当然艾伯特认为它具有高贵的血统,它的飒爽英姿,它那雪白的四蹄,火焰似的通体毛色,黑色鬃毛及尾巴,更神奇的是额头上的白十字!这一切,让遇见它的人都着魔一般地喜欢上了它。但是,它的高贵主要是因为骨子里生就的高贵气质,传奇写就的气质。在战场上,它是战士、是英雄、是军神。在马群里,它是头领、是勇敢者、是炮火洗礼过的老兵。

这是少年和马的故事，是爱与信任的故事，是善良与人性的故事，是超越物种的故事，是关于一个庄严承诺的故事……

掩卷深思，一句响彻天空和心灵深处的声音始终在耳边回荡。

——无论你在哪儿，我都要找到你！

83 《总有一个念想，推着我们向前》（爱默生、海明威、梭罗等）
（2016 年 11 月 14 日推荐）

《总有一个念想，推着我们向前》是一本散文随笔集，一本很美的书。散文不好主观评价，说说我读时的感觉吧！

屠格涅夫《在春天》里说，幸福的人会被吸引到远方去！很感慨俄罗斯这个伟大的民族，雄壮大气的因子仿佛天生就流淌在血液中。他们（作家）对大自然的理解、感悟和融入就如天生的一种本能。我们的孩子，真的要好好地和大自然对话了！

都德的文字充满了快乐，跳跃着，又像鸟儿唱着歌，他对"窝"的理解描写是最鲜活、最愉悦的。

海明威的"记录"就像个账房先生，细如发丝，还是比较适合喜欢独处者阅读的。

胡适对"什么是有意思的生活"解释得太妙了。他对"为什么"的评价也是独到！"这三个字趣味无穷无尽，功用无穷无尽。"

尼采有句话说得不错——对价值的看法，某种程度上会暴露该人的灵魂结构，其生活状况和内在需要也会因此显现。

菲尔普斯，最快乐的人是有着最有趣思想的人。

纪伯伦的文章呢？诗人是不会让人轻易就懂了。

而培根则如慈爱的父亲，多为经验之谈，如同在农舍晚饭后围炉闲聊，时不时传来一阵孩子们欢快的笑声。

梁启超在《人生拿趣味做根底》里就是一得道高僧，寥寥数语，期许顿悟。

瓦格纳是尽职的布道者。

辛波斯卡如同俏皮的邻家大女孩，而且是个学霸。

伊凡·蒲宁像极了热恋中的人激动地向你描述她的奇妙经历……

⑧④《城南旧事》 （林海音） （2016年10月8日推荐）

这本书是在旅途中的飞机上、大巴车上及躺在酒店的床上读的，一会儿天上，一会儿又到地上，心也起起落落的。

《城南旧事》对大多数人来讲，一定是既熟悉又陌生的。因其著名所以熟悉，但是多为碎片化的认识。也因为熟悉，所以很多人都没有安安静静地读一读。不读，遗憾。如果是老师，更有太多理由要读！

全书共五个小故事，记录了作者"平淡"而又难忘的童年。

《惠安馆》最为感人。这里的英子就是善良与爱的化身，那么可爱的天使。如果不是因为涉及情爱，一定会比下一篇更易被选入课本。读着读着，我仿佛看到了天使，对！英子就是个天使，她让可怜的疯女人秀贞找到了她的"小桂子"，让可怜的"妞儿"找到了亲妈，两个苦命的人逃脱了世俗的魔爪，去寻找幸福。我相信这是真的，相比英子"醒"来后发现妈妈的镯子，预示着可能只是梦一场，我依然坚信妞儿找到了亲妈。因为英子就是善良和纯洁的化身，她是来到人间的小天使！这篇在全书中笔墨最重，最是感人！

《我们看海去》是大家较为熟悉的故事。被多种版本的教材收录，这么多年也一直是经典的课文。在这里，英子充满了对人世间的追问，好人坏人，贼子疯子，英子"傻傻"地分不清楚，蓝天和大海也分不清楚，所以要看海去。但终究是没履行诺言。只有那首毕业歌让人莫名地酸楚：长亭外，古道边，芳草碧连天……

《兰姨娘》里的英子最是鬼精灵，耍手段，使计谋，把人看得穿，明白了妈妈的酸和苦，看清了爸爸的腥和馋，体谅着兰姨娘的悲和春，揣度着得先叔的情与佻。愣是把几个大人"玩"了个转，回头只是给爸爸要买"豆蔻"求得心里安慰，怎一个小人精得了。

《驴打滚》让我们看到了英子还有刚直的一面。她以极尽嘲讽的语气

"数落"宋妈那个窝囊废男人。在英子眼里，宋妈的丈夫就是一个丧尽天良，鼻子一抽一抽的露着黄板儿牙的"蠢驴"。

《爸爸的花儿落了，我也不再是小孩子》中看到了最为温情且坚毅的英子。"闯练，闯练，英子。"是爸爸重病后反复对英子说的话，让英子没办法不"长大"。于是，英子无可奈何又义无反顾地成了小小的大人。她可以作为毕业生代表发言，圆了爸爸的一个梦；她可以镇定安静地去医院，送爸爸最后一段路；她可以劝慰妈妈接受这残酷的事实。这些，英子能做到。看，英子在去医院的路上一直默念着"爸爸的花儿落了，我也不再是小孩子"。

85 《中国历代政治得失》（钱穆）　　（2016年10月7日推荐）

1. 这是中国历代社会常识的科普。其实没有多强的"政治"性，只是了解中国历代的社会经济政治等方面的一些基本常识。

2. 阅读此书可以避免（或减少）糊里糊涂地看历史书籍。很多人都爱看历史类书籍或影视剧，但对里面涉及的一些组织制度官阶等说法都是"马马虎虎"，这本书可以"正本清源"。

3. 本着科学研究的态度进行著述，这是我最为欣赏的一点。

86 《我国教育病理》（郑也夫）　　（2016年10月7日推荐）

1. 针砭时弊，一针见血。作者在这一点上与吴非有共通之处，但我更欣赏郑也夫。因为吴非太过感性，他总是试图"刺痛"读者，对丑恶现象无情揭露且漫无目的地鞭挞，却很少给出一个令人信服的解决办法。郑也夫也批判，也入木三分，但是还能够实实在在地给出一些解决办法，不缺理性的分析与判断。

2. 既有宏观，也有微观。有的教育时评类书籍要么过于宏观，泛泛而谈，要么过于微观，琐碎繁杂。本书则从宏观入手，微观实证，有骨有肉，逻辑严密。

3. 敢写敢说。这一点是许多有良心、有脊梁的作家、教育家、社会学家的共性。令人佩服，真庆幸现在还有这么多敢说话的"公知"。

87 《说医不二》 （懒兔子） （2016年10月5日推荐）

今日推荐《说医不二》，推荐理由如下：

1. 此为推广普及中医基础知识入门的良书。懂点医学常识是时下一种值得提倡的思潮。身边的人越来越多地在侃养生谈中医，更有朋友辞职专攻传统医术。如果不想对此"丈二和尚"般地只听别人夸夸其谈，自己只有"蒙圈"的份儿，那就花上几个小时，读一读，能平添不少乐趣。

2. 学点中医知识一直是我的愿望，只是我因为"畏惧"这门学问太过高深，一直没有很系统地去探究。朋友推荐了一本《思考中医》，我觉得自己才疏学浅，没能力读懂，所以才做了铺垫，读了这本入门级的中医书。读后发现，这本书真是选对了，绝对通俗易懂。几乎没有多大的阅读难度，而且里边的漫画很搞笑，虽然画工实在不敢恭维，但是能"会心一笑"也就够了。

3. 中医可至繁，亦可至简。太繁杂就没办法让人"入门"，而作者虽然是半路出家，但她找到了"简化"之法，像我一样的门外汉们庆幸吧！切莫被中医之"繁"而"唬"到，且看其至简的一面吧，绝对有意外的发现。

4. 中医是最平民的哲学，是中华民族几千年的智慧结晶。我们要去了解，要重拾这份自信。

5. 中医不是教人怎么无痛无病地活着，而是要如此高明地思辨地活着。"学会用中医的思维生活，这才是中医的真谛。"

6. 为了独立地思考，客观地处世。相信朋友们经常会听到周围人在议论中医，有奉若神明的，有鄙夷唾弃的。你怎么办？自己多看看多学学，要有自己独立的判断！

88 《理念的力量》 （张维迎） （2016年10月3日推荐）

读书是一件很惬意的事情，能读到好书更是幸运。今日我所读的《理念的力量》就是一本好书，认为是好书并非是因为完全赞同书中的观点，而是因为它能启发你更多的思考。这本书我要推荐给朋友们、同事们，理由如下：

1. 公民思想普及读物。本书要传达的一个基本思想是"社会变革和人类进步都是在理念的推动下出现的"。这本书不是简单讨论经济问题的书，而是社会的问题、全民的问题。作为公民，应该有所了解。

2. 可以自由地读。全书共24章，随便从哪一章开始读都可以。

3. 真敢说话。不去判断其言论对与错，但作者的人品一流，就是真脊梁、硬骨头。

4. 思想深刻。你看看就会有同感。

5. 洞见未来。

6. 网络热议。

7. 茅于轼先生很看好他，是他的伯乐。

89 《查令十字街84号》（[美]海莲·汉芙）（2016年10月2日推荐）

秋日凉爽的清晨，我用了三个小时读完了这本很早就想读的"小"书。一直看到最后一页信的日期，我就决定毫不犹豫地要评五颗星！

不能剧透，一个字都不能！但还是略谈一点感触。读后想到了一个词，叫"书之友谊"，是善良的、真诚的、纯洁的而且偶尔浪漫的关系，是高尚灵魂的对话。遗憾的是，书中提到的书籍我基本没读过，少了许多的"会心一笑"，也许退休后能专门找个时间读一读英国文学。

90 《七堂极简物理课》（[意]卡洛·罗韦利）（2016年10月1日推荐）

《七堂极简物理课》是意大利物理学家、圈量子引力理论创始人卡洛·罗韦利所著。这本书我毫不犹豫地给了六颗星。

一、好评理由

1. 一本小书，堪称"短小精悍"，适合旅行途中或睡前放松或秋日沐浴阳光时的短暂阅读，正值国庆长假，此书来得正是时候。

2. 那么高深的理论却可以如此浅显地娓娓道来，佩服之至！

3. 读此书让人常有豁然开朗的感觉，又常可引人遐思。

4. 做老师的要懂点"时髦"的科学话题，不然"唬"不住孩子们！

二、读后点滴感悟

1. "正直"不是宇宙的主题，"弯曲"才是！空间是弯曲的，光线是弯曲的，连时间也是弯曲的。

2. 数学方程是何等重要啊！整个化学学科都基于一个方程。任何一个方程都有可能蕴含一个世界。

3. 从"量子跃迁"天马行空地想到，任何物体的构成都是用点"描出"的，即使再微小也有空隙，那么"穿墙术"是可行的，科幻片中一物体从人体中穿过去也是可行的。

4. 爱因斯坦坚持认为确有独立于相互作用的客观存在。我想，如果有，那就是上帝！

5. 科学上，找到"没有"比找到"有"更难，但更有价值。

6. 也许"没有永恒"才是"永恒"。

7. 热量为什么从热的物体跑到冷的物体上？只是概率大而已，也就是热量从冷的物体传递到热的物体上也是有可能的，只是概率小而已！这不是关键，关键是有些物理现象没有什么必然的解释，只不过是概率而已，看，又是数学。

8. "存在"只不过是幻觉！瞬间也好，顽固而持久也罢。

9. 每个明天，我们都会发现世界并不是原先看上去那样。

10. 阴与阳不是此消彼长，而是共同生长，只不过生长的形式不同！

11. 看不清的比看得清的更广阔，未知的比已知的更有吸引力。

……

91 《三体》 （刘慈欣） （2016年9月13日推荐）

推荐一套绝不仅仅言说"科幻"的科幻体裁著作《三体》。

中秋赏月或凝望星空之际，都会想象一下深邃而悠远的宇宙吧。这时可以看看《三体》，此书不仅是科幻，读此书也不仅是休闲。全书共三本，《地球往事》《黑暗森林》《死神永生》。朋友向我推荐时，我并不感兴趣。但《三体》一开读，就收不住了，排除干扰，克服"困""难"，几乎一气呵成，看得自己"荡气回肠"！对中国科幻人肃然起敬。简单点评吧，其实自己毫无底气，不过为了推介，也要啰唆几句。第一部感觉"写实"与"奇幻"完美结合，丝毫不觉是科幻，什么"文化大革命"、基石、红岸工程，竟然信了。那个四光年外的三体文明，神秘、苦难、毁灭，牵着你走，而且故事代入的方式很独特。应该说第一部最严谨。第二部最为智慧，第三部简直就是神话。除了那个预言故事太过啰唆，有些地方混乱之外，文笔可是全书最好的，读着读着发现原来这是个亘古以来最凄美的爱情故事。送心爱的女人一颗星！是真的星球，是宇宙，是宇宙消失后的……DX3906。中秋小长假如果休闲在家可以读读啊，刚好一天一本。

92 《无宠不惊过一生》（丰子恺） （2016年8月23日推荐）

淡淡书香，慢慢读啊。

今日推荐丰子恺的《无宠不惊过一生》。不知道有没有丰子恺的自传，如果有一定买来看看。我脑子里总是想：这个人究竟经历过哪些波澜壮阔的事呢？没有巨变不会体味到宠辱不惊，不会有这么悲天悯人，不会拥有如此菩萨心肠。你看他对小孩子那个慈爱，羡煞人啊！

"忆儿时"一节，满纸跳跃着童心童趣，让人忍俊不禁。当读到"从经纬跳板跌下"时，当读到"父亲风雅地吃着螃蟹"时，当读到"与豆腐店的王囡囡郊游"时，总要会心一笑，然而又不能笑出声。因为纸之背后，总有一丝淡淡的哀伤，每篇文末注定不会少的是对杀虐"小动物"永远的忏悔。

看"私塾生活"，强烈地感受到时代进步之幸福，那种昏聩的私塾教育已一去不复返矣。

还有那"春"，朴实得无以复加。那"秋"，迷离哀苦与无奈。那"初冬"，暖烘烘的快适。还有对"渐"的深刻感触……

丰子恺的文章被编入课本里的，从小学到大学至少有10篇了吧，做老师做学生的，看看总会受益的。

此书读来还有一大收获，篇篇都有插图，别忘了，作者是个大画家啊，好好欣赏吧！

这本书，适合在安静的小房间里，就着柔和的灯光，呷着茶，悠哉地、慢慢地读。

93 《苏菲的世界》 （[挪威] 乔斯坦·贾德） （2016年8月22日推荐）

抓住假期的尾巴，读点哲学，给自己充电！

这书应算是哲学科普书，生动又充满情趣，真是想不到哲学史书居然还可以写成这样子。虽然是写给青少年看的，不过我觉得成人很适合看，老师更应该看。如果对哲学感兴趣，那这本书必不可少；如果没兴趣，只要翻开这本书一定会喜欢上的。

本书叙事采用复式结构。三个主人公，复调结构，苏菲是虚构的，席德是虚构的，艾伯特也是虚构的。但三个虚构的故事交错一起，一层一层铺排，充满玄幻，有点《盗梦空间》的感觉，只是不知道谁在谁的梦里，这梦更是扑朔迷离。看过《星际穿越》吗，导演估计少年时受过这本书的影响，那穿越是不留痕迹的。

全书出现了多种形式，明信片、书信、讲义、诗歌等。不会令你觉得单调枯燥。

还有，真的没读过比这本书还要好的西方哲学史书了……

稍有遗憾，一是中国哲学元素太少，再者，许多物理学家的人名和我们中学或大学课本里的有"出入"，读的时候费了一番心思去对接。不过瑕不掩瑜，我依然要评五颗星。

94 《哲思录》 （顾城） （2016年8月17日推荐）

顾城，有评论家称其"堪称现代汉语成为诗的语言以来最纯粹的诗人"。

他自认为是"以追求天然为旨归"的人。

今天推荐的不是他的诗集，而是这本《哲思录》。全书分几个部分，以"话题"的形式展开，包括谈"诗"，谈"生活"，谈"中西"等。

在谈"生活"中说，"一个人应该活得是自己并且干净""安心的地方就是家，家是一种心境"。本书中所谈的"传统"部分令我最为欣赏，很多观点我都非常赞同。比如，他认为中国哲学体现为一种修养和性情，虽然完全没有逻辑的过程。比如，"魏晋疯而不笑，明末笑而不疯——趣味即神明""人要靠精神支撑才能站立，两个脚一个站在虚无中，一个站在生活中"。还有，他对红楼梦人物的剖析绝对"入木三分"。

在谈"读书"部分中讲，"你不会只靠蜡烛照亮前进的道路，更不能仅靠书来懂得人生"。说得真好！

但是读书，读好书，的确会让你的事业、人生有所不同。

甚易知，甚易行。

95 《THE HOLY FAMILY》 （梁鸿） （2016年8月16日推荐）

梁鸿这次不写村庄啦，写起了小镇。中国有多少个镇，至少上万个吧，是要好好写写，因为"镇"会越来越少，而承载的东西会越来越多。

全书共12个故事，每个故事基本独立，虽然也有交错联结，但并不紧密。故事算不上离奇，也不能说平淡，有些故事里的人物还是个性鲜明的。

比如，阿清是个"嘎子"，可以肆无忌惮地戏耍镇上的顽童大佬，但就是怕神一般的阿花奶奶。当看到那个吃斋念佛、人人顶礼膜拜、代表公正道义、"通着神灵"的冷面阿婆，背过身居然贪婪地舔着手指数票子，狼吞虎咽地吃肥猪肉时，阿清吐了，一头栽下了他借以窥视全镇的古树冠的窝巢后，他长大了。可惜，本来是个很好的故事桥段，可书末居然还有翻转！一下子失了水准。

梁鸿是个优秀的作家，是有脊梁、有良心的作家。但不能不说，讲故事的功力还差一些火候。

96 《湮灭——遗落的南境》 （［美］杰夫·范德米尔）

（2016年8月15日推荐）

晨起走金钟水库绿道，路两旁树木繁茂，郁郁葱葱。绿树掩映下，老枝挺拔遒劲，新叶青翠欲滴。每每遇到深沟险壑或杂草丛生或岔道野路，真有一种一探秘境的冲动。《湮灭》一书中种种"探险"的画面忽而闪现。

这本书值得秉烛夜读，甚或通宵达旦。

这是一部精彩的科幻类小说，但不是传统意义上的科幻，你甚至都不觉得它是科幻，但比一般的科幻更为奇幻、悬疑、怪诞。

这是一个绝对惊悚恐怖的故事。书中没有太多描写打斗的场面，但是对任何一处"战后场地"的描写都会让人害怕。书中的心理描写极为细腻，主人公一直在和一位心理学家斗"心"。整个探秘之旅似乎也是在和人自己的内心博弈。大量的心理描写颇为专业且引人入胜。主人公试图借助"南境探秘"叩问人心，追问人性，试图以己之力还原世界本真。虽螳臂当车也勇往直前。

这本书还告诉你"看见的未必真实"。

还好，清晨山间小路看到新芽，感受勃勃生机。谁说秘境就是死境，或许是重生。当读到女主角说"我已不可能回家"时，很是伤感，但我觉得其实她已找到家，至少已踏上回家的路。

我执着地认为作者还有很多要传达的"密信"，只不过没办法被读者解读，我试图把书中所有的黑体字连起来读一读，看看里面隐含着什么。

97 《蒋勋说宋词》 （蒋勋） （2016年8月14日推荐）

理想的生活状态，首先要拥有闲暇。然后"读读、写写、看看"，即"读些喜欢的书，写点随性的文字，偶尔看看窗外的世界"，简单说就一个字"宅"，他事勿扰。个人浅见。

《蒋勋说宋词》是一本适合清晨读的书。这本书说的是传统文化中的璀璨明珠——宋词，但是通篇读下来你不会觉得太过严肃，没有几处是深刻的剖析，随处可见浅浅地娓娓道来，喜欢这份平静。几乎没有尖刻的评论，总是很柔和地看待词人及词，如"李煜""姜夔"，甚至是欧阳修。绝对没有强加政治使命，就是谈词，哪怕是民族英雄辛弃疾，或者政治楷模范仲淹，也没有刻板地说韵谈律，自自然然，词如生活，唱词聊天，不俗亦非雅。就这样看苏轼、秦观、晏殊、晏几道，连批评也是和和气气的，而且对于严苛批评他人的人也那么温和地分析，如李清照。

98 《谈话的泥沼》 （陈丹青） （2016年8月11日推荐）

前几日回哈尔滨，我被原单位同事——我的几位铁哥们儿，通过朋友圈"逮"住了，深夜小聚一通神聊。虽然我只喝水，也挡不住老铁们一人五六瓶啤酒下肚，威风不减当年，令我感动不已。更令我惊讶的是，哥们儿居然一直关注着我微信上的"读书推荐"，每次必看，这就是兄弟加知己啦。为了知己的关注，今后我也要坚持推荐！

这本《谈话的泥沼》是看着比较累的一本书。我断断续续看了三周才落定。折痕（以备重读时重点关注）也是近期读书中最多的。内容就不剧透啦，值得看，我给此书评了4颗星。

99 《解密》 （麦家） （2016年6月25日推荐）

读麦家的《解密》，是为了休息换换脑。他的书很容易就吸引住你，使你心情愉悦。

一整天去单位加班，仅仅是研究方案就看了20多份，最后感觉是被空调吹中暑了，口干目眩，还好回家后可以拿麦家的书凉快凉快。

看完了《解密》，沉浸在那神秘的想象空间里，冷眼旁观一个个游荡在天才与疯子边缘的人。叹服麦家对神秘陌生领域的抒情式描述，虽然从不正面画像，但你可以畅快地信马由缰。

这是麦家新出的"老作品"。麦家曾是一个军人，少不了有军人情结，或许是自己身子弱，所以渴望用高智商打赢战争，其实是打败身边的"强人"。他的确接近过他渴望已久的秘密部队，但没能成为他们中的一员，他失败了，而这失败恰恰引领他走向了另一个成功，一条光明的坦途。

但稍遗憾的是觉得他的才情太过局限，"破译密码"是神秘的话题，但不能成为永久的素材，仅仅改动了叙事方式还不足以实现跨越。期待麦家能有令读者惊喜的转变，我是忠实读者群里的一员。

⑩⑩《当历史可以观看》 （冯克力） （2016年6月22日推荐）

在冗长的会议间隙，昏暗的会场灯光下，看了一会儿闲书。不记得《当历史可以观看》这本书是在哪个书店买的。这本书值得一读，应该推荐，其意味远超透过书名所能揣测的内涵……

⑩①《思想小品》《群山之巅》 （王小波）（迟子建）

（2016年6月1日推荐）

昨晚快11点才从单位回到家。本想倒头便睡，无奈又失眠啦，看看书催眠吧，不成想一看就是通宵。

王小波的《思想小品》看完了，并且开启了新书，是迟子建的《群山之巅》。晚上读书效率奇高，整夜没有一丝干扰。向朋友们推荐上述两本书，不写什么书评了。

⑩②《王二的经济学故事》《美国城市社会演变》

（2016年5月21日推荐）

忍不住又想推荐两本书：《王二的经济学故事》《美国城市社会演变》。虽然每次推荐应和者都很少，但我也准备好了要坚持做这件事。因为我觉得这或许会对我的同事、朋友、伙伴，特别是身边的年轻人有点益处……

王二的经济学故事，绝对是一本最通俗易懂的经济科普书，好玩好理解，现代人要懂得一点点经济学，特别是理财策略。这本书给教育者的启示还在于他深入浅出的说理方法，值得借鉴。如果还想深入了解一些宏观经济，那就再看看《美国城市社会的演变》，其实通过别人的历史我们可以看清自己的现在，遇见自己的未来。

103 几本"老人家"写的书 （2016年5月14日推荐）

天气挺好的，读书吧！推荐几位"老人家"写的书，有《上学记》《世说新篇》《监狱琐记》《师友杂记》《牛棚杂忆》《朝闻道集》《逝年如水》……作者都是真正的"大师"！山高水长无限敬仰。其中有两本是老友好久之前推荐的书，现又重温，好生感慨……

104 《笑谈大先生》《极花》《情人》等 （2016年5月21日推荐）

书是要推荐的，有人推荐那就省事多了。就拿上周去北京买回的那几本书来说，觉得最好的还是老友推荐的《笑谈大先生》，其次是自己喜欢的"平娃"写的新书《极花》，最后是《情人》。

说说《笑谈大先生》，读来感觉鲁迅先生好似一位和蔼的老先生就在你对面，吸着烟，烟雾缭绕的，眼也不眨地想着事情，那种亲昵、仁厚与得意跃然而至。好看又好玩的大先生！虔诚地信着大先生，"嬉笑怒骂皆成文章，文章有张力，源于人格张力，写作纬度是人格纬度，激愤同时好玩，深刻然而游戏，挑衅，却随时自嘲，批判，忽而话又说回来"。听他那句其言也哀的话，"让他们怨恨去，我也一个都不宽恕"。原来是多么柔和的"嗔"。

另一篇"鲁迅与死亡"。肯定地说，先生是异端。但这异端，不是唱反调，不是出偏锋，不是走极端，是不苟同的大慈悲。读得自己心情很沉重，快要窒息。鲁迅的死亡如此决绝——"埋掉，拉倒"，或如作者所言为好，将死亡还给死亡，将鲁迅还给鲁迅。

"说说鲁迅是谁？"这篇也挺震撼。鲁迅有多面的，战斗的一面，决裂的一面，苦恼愤恨的一面，闲适的一面，游戏的一面，怡然自喜的一面，然而就是缺失完整的"塑像"，近百年来一直缺失。

作为先生的鲁迅，学生们如是回忆，一是清晰一是好玩，经常逗得他们哄堂大笑。我作为教书匠，心生向往。

这本书，你可以当作演讲来阅读，铿锵有力；也可以当作散文来读，洒脱飘逸；可以当作檄文来读，泼辣无忌；也可以当作哲学著作来读，思辨透彻。当然还可以当作书信，推心置腹，但最像是自说自话，喃喃地旁若无人。独步古今，神鬼屏气，大开大阖。

不说了，不能说了，借先生的一句话"非不为也，余不能也"。

《极花》也不错，"平娃"（贾平凹）最新最老练之作。阅读时偶尔有时空错乱的感觉，话题沉重，但落笔平静，角度奇特。像蝴蝶的真身看着蝴蝶的幻身所做的一切，是社会问题高维视角的审视思索。还有，你会发现城市像狼群，农村似狮子（石刻的）……主角是蝴蝶。

《情人》，享誉全球。不知是不是因为翻译版本的缘故，反正我是没看懂。好像一个叛逆少女的宣言……相信我的朋友们可以看明白。

105 《摆渡人》 （［英］克莱儿·麦克福尔） （2016年4月17日推荐）

终于放下了《摆渡人》。这本书的大部分章节都是今天在飞机上阅读的，回到家后还放不下，于是一口气读完。读这本书的许多感觉是其他阅读从未经历过的。有时是毛骨悚然，却不是因为恐惧！有时是脊背寒彻，却又不愿停下。有时似乎与神灵相通，旋即发觉自己弱小如尘埃。有时似幡然醒悟，谁知又复懵懂。书未至尾，心随之飘忽，似"荒野"中正在夺路之魂。掩卷沉思，谁可辨"那道闪光的分界线"。

或许每个人真的会在"最后"与之相遇——灵魂的摆渡人，那时，你会做出怎样的抉择?

佳片推荐

每一个影像的背后，一定躲藏着一个"真相"！

01 《天空之眼》 （2018年8月7日推荐）

从电影的艺术水准来看，此片并非是一部上佳之作。或者可以这样说，这样的故事应该拍得更好，而现在的还算不上是高超水准。

首先，情节交代过于简单，甚至丝毫没有人物关系的交叉重叠。

其次，节奏的把握差得太远，本来整部电影应该是极具紧张感的，可惜就是没能拍出步步紧逼的"窒息"感，结尾处"倒数秒"也象征性居多。

人物太过脸谱化，冷酷或是慈悲都太过直白，那种"纠结"的表现远不到位；音乐作用毫不凸现，好像可有可无，好的电影作品不可能缺少好的音乐；人物语言、环境、色彩、镜头等都差强人意！

但，这依然是一部很难得的电影！不是谁都有勇气去拍这样的电影。其透过屏幕向观影者提出了一个深刻的道德伦理问题，也是人类文明进程中不可回避的问题，请不要简单地当作"电车难题"类的哲学话题……值得一看！

02 几部"走心式"电影　　　　　　　　　　（2018年8月5日推荐）

《王牌保镖》（美国）三星

动作片，啥也不用想，就是打得好看！我觉得，无论是大男孩或是老男人，都要时不时地看看这类片子，不然阳刚之气去哪里找？女孩和女人看看也会喜欢吧……

《小萝莉与猴神大叔》（印度）三星

很有温情的一部片子。在看似各种笨拙的剧情设计中能抓着你不放，并且总会找到机会戳到你脆弱内心的柔软之处，这就是本事！别当作是对宗教国家等严肃问题的思考，权当作喧嚣尘世中无奈生活的疗伤所用……

《邪不压正》（中国）三星

一直对姜文充满期待，但感觉他的戏路固执地越走越扑朔迷离。

再次推荐该片。这部片子与其说是讲故事，不如说是编故事，把导演自己潜意识当中的大男孩儿的梦编进电影里。不过，好多梗还是有嚼头的，还有就是镜头感不错，北京城看着挺美的。

《热血警探》（英国）三星

幽默，看着是挺搞笑的。但是吸引你的远不止幽默，从荒诞无稽的表层任你往深处挖掘，而且细思极恐啊！

《杯酒人生》（美国）四星

一个离了婚的活得很累的中年大叔，高中教师，一心要出版自己写的书。在一个过了期的三流演员老基友的怂恿下，开始了短暂的并不情愿的陪伴新郎婚前"散心"之旅……配乐一直很无奈忧郁，正像男主那一团糟的生活……

《现代启示录》（美国）四星

恐怖血腥，给四星勉强。小孩子不能看，胆小的大人不能看，看后搞不好会做噩梦。但很明显这是一部反战片，是一部自我反省的电影，他告诉我们，让人变成非人的，不只是武器、战争和愚昧，还有所谓的信仰和人类的智慧！

《海边的曼彻斯特》（美国）五星

"I can't beat it." 叹息！男主人公的叹息，一次又一次！空洞！男主空洞的眼神，仿佛世上再无他物。压抑，整部片子从始至终，压抑得人要窒息。绝不是煽情，但乐曲会让人心碎。一个无法走出阴霾的颓唐的中年人，生不如死，边用锥刺边无声忏悔。"每个人都会犯错，你的确犯了可怕的错误，但不是犯罪。"只是这错误比任何犯罪还可怕！

确实，人都有可能犯错，对亲人，对挚爱。错过无法弥补，因为亲人已不在！看着压抑的男主，自己的内心几欲崩溃。只能隔屏对他说：李，错不在你，只是上帝开了个玩笑！

海边的曼彻斯特风景真美。就是，海风太凄厉，乌鸦不该来！《海边的曼彻斯特》是一部难得一见的、走心的、只为电影的电影！

这个夏天，因为看了几部外国电影，感受到了作为艺术的电影的魅力，从而平添了几分幸福感！

03 《邪不压正》　　　　　　　　　　　（2018年7月15日推荐）

《邪不压正》讲了一个什么故事？我觉得这也不重要了。看了几部姜文的电影，在姜文的电影世界里，故事不过就是一个载体，就如体面的人出门要选好一套衣服，姜文要讲述从前那个大男孩"姜文"的梦了，他就要选一个故事，一个令他"感兴趣"的故事，像"衣服"一样穿在身上。所以，观影者如果一定要对"故事"本身进行"解构"，那就真看不懂姜文了。

姜文是个执拗的人，准确地说是有着粗犷形象的大男孩，他总是沉浸在自己悠长神奇的"梦"里。所以，他不停地找"故事"。

在这个大男孩的梦里，是浓浓的老北京的"味"，那房那街那车那马（驴），那树那雪那鸽子，那城楼那夜空……到处可见，空气中弥漫着老北京的明亮与幽深，衰败与顽强，苍凉与希望，死亡与生机……

这个大男孩的梦是一个浪迹天涯却又离不开家的侠客梦。所以，没完没了的飞檐走壁，酣畅淋漓的情情爱爱，无比美妙的怦然心动，干脆利落的神功拳脚，痛痛快快的惩恶除奸，大义凛然的家国男儿……

04 《我不是药神》 （2018年7月18日推荐）

毋庸置疑，观影的人一定都会有所触动！

《我不是药神》从某种意义上讲已超越了承载它的电影这个艺术形式。即使就是一部纪录片，即使就是一个法律或医疗案例，或者是一档《冷暖人生》的电视栏目，都可能成为具有划时代意义的"事件"。事件中提出的一个又一个的"天问"，都有可能成为推动社会变革的"洪流"……

05 《动物世界》 （2018年7月1日推荐）

还不错的片子，朋友们暑假可以看看！

好莱坞的大片即视感+日本动漫酷炫+国人认可的情感套路人设+高深的心理探窥+人性的赤裸拷问+烧脑的逻辑推理+男主还不错的演技+女主（没多少镜头）的清新亲切……

06 《超时空同居》 （2018年6月7日推荐）

感悟：

1. 人生路上多困惑，选择对了很重要。比选择更重要的是遇见，在对的时空里遇见对的人比什么都重要。

2. 时光不会倒流。即使时空错乱了，也绝不允许改变人生轨迹，否则，一切消失……所以好好活在当下吧！

3. 万事皆因果。只是你认为的果可能也是他果之因。

4. 平台很重要。

5. 别以为煽情都能戳中泪点，要有节奏感。

多重元素调和的社会与情感纪录片！

不知道刘若英以后会不会继续走导演之路，但是这部首秀一定会大红大卖，估计10亿票房不成问题。这部电影或多或少都能勾起你尘封的回忆，或多或少都能让你找到自己曾经的影子，或多或少都会让你对生活感慨唏嘘，或多或少都能让你发现生活中的曾经或现在的纠结，或多或少都能戳中你的几处泪点……

能为影片加分的，首先应该是导演刘若英在一代人心中的记忆，还有周冬雨和田壮壮对于情绪的把握，确实为影片增色不少。井柏然的本色也会迷些纯情女孩。

纵观全剧，奶茶把剧情片拍成了纪录片，两个人的纪录片，或许这也是一种手法？话题倒是"撩拨"人，故事和故事中的故事都是一样，伊恩唯爱寻找凯利，找不到，所以这个世界再无色彩。所以，电影时空用彩色表现之前，用黑白表示现在。穿插在影片中那些"刺痛"人的话题则是再熟悉不过了。例如，恒久的话题——回家过年、北漂、买房、奋斗、青春、未来，甚至还有春运、蜗居、家……一些经典对白也饶有滋味："找个回家过年的理由""幸福不是故事不幸才是""打一回车能吃两顿饭""去到哪里都是异乡人""分手太匆忙，没好好说再见""咱们都好好的""不负对方就好，不负此生很难"。

但是，作为奶茶的追随者，良药苦口，有话还是要说啊！

试问，两个月杀青的电影，真的是认真的？该影片最大的优点是讲了一个好故事，青年人和中年人都关心的故事。电影语言虽缺功力尚可接受，情绪运用不矫情有独特的味道，整体定位也算准确。就是结构太过粗糙，故事讲得过于直白，插叙也好，倒叙也罢，感觉想用蒙太奇又用不好。角度、镜头都略显稚嫩。最令人遗憾就是缺乏思想性，以什么角度去看待人生和爱情？又真正告诉了我们什么？珍惜现在？还是那句歌词"后来学会了如何去爱，可你已不再"。毕竟，《后来》只揭示了现象，却没有告诉我们如何去思考，当真缺了一点深度。

08 《爆裂无声》 （2018年2月23日推荐）

灰霾天空下的渺小与强悍。

看了一位年轻导演的作品《爆裂无声》，庆幸国产小众电影还顽强地活着！

主人公是个矿工，几乎是这个社会的最底层，在整部充斥着灰霾的影片中没说过一句话，每个人都当其哑巴。但这个宋洋所饰演的张保民不是哑巴，真的不是哑巴！只是小时打架咬断了舌头。是能说话的，但说出来呜啦呜啦的，难听。能说，但是不想说，自己不想听自己说，也不愿意再说给别人听。说了也没人在意，渺小得像个臭虫。观影中我多么希望能让这个张保民怒目圆睁，仰望苍穹，嗷嗷长啸，但导演终不给这个机会，无论什么时候，无论如何紧迫、如何心提到嗓子眼，都是无声应对，哦哦啊啊咿咿都没有，就连最后的亮相也都是"孙子样"，斜愣着眼，耷拉着肩，佝偻着背，蜷缩着头，颤抖着手，缩缩着腿，满脸血污，破袄褴褛，呼哧呼哧喘气，眼神幽怨而犀利，想杀人，但终是没杀。

手握曾磨穿绑着自己的麻绳、曾刺透儿子还带着儿子血的箭头时，他本可以一箭头刺进昌万年这个杀儿凶手的要害，但手还是偏了，刺中了大腿。其实早在之前，和屠户恶斗时也偏了，刺中眼睛……哪次是有意的？哪次是胆怯的？哪次是善念一动？悬而未决。

观影后，有疑问似解未解：

其一，片中的各色人谁更弱小，谁够强悍

论"强"，好勇斗狠的矿下汉子算不得什么，狐假虎威的打手们也上不了台面，那些"吃素"的矿主其实也就是吃素的，那，昌万年算一个吧？算！但和寻儿子急红眼的张保民比起来差的地方多了。那就是张保民最强悍？整部片他都在打，虽然不是漂亮的打斗，但他的抗争的的确确是要山崩地裂的。可最终，他也不过如屠户所言"真窝囊"！但是历史告诉我们，千万别让社会穷苦底层人无声到极致！

其二，谁更可恶

村长可恶吗？有一点，不过也真实，充其量暴露的是普通百姓的人性弱点。打手狗腿子们可恶吗？其实都是些狐假虎威的凶狗，生活里到处都是。昌万年可恶吗？这还用说，可恶！吃人嗜血！但，最可恶的、最可憎的，不是昌万年，是"律师"！懦弱阴暗贪婪，吃人不吐骨头！

其三，谁更虚伪

村长、矿长都虚伪，不过可以理解。昌万年也虚伪，捐款建校就是为着自己的"形象"，好掩盖恶行，那是"直白"的虚伪。但，最虚伪的还要属"律师"，虚到就是披着一张"人皮"，其他都是"伪"的。

其四，谁更贪婪

这下律师要"让贤"了。论贪婪，人人或多或少都有点，但昌万年已经没了人性，只剩贪婪。开场吃西红柿的镜头，导演足够用心，他那副贪婪残暴的恶鬼样子尽显无遗。片中还有多处展现吃的场面：昌万年吃"羊"，要把羊肉削成薄薄的一小片一小片，但是摆满了一整桌，还是不停地削，贪婪至极。同是吃羊肉，其他人，有的是直接吃大块骨，胡子拉碴，大口咀嚼，一桌子脏兮兮的骨棒；有的是"被迫"吃，被强行塞满一嘴腥肉（如那个假横的矿主，那个心虚的律师）。无论怎么吃，只有一条不变，那就是贪婪。

其五，哪一处对比更强烈

高楼林立的城市，破破烂烂的乡镇；金碧辉煌的办公室，逼仄狭小的民居；西装革履的"上等人"，衣衫褴褛的"贱人"；躺在蜜罐里的城里孩子，游荡在山坳的放羊娃……处处是对比，哪一处对比更强烈由你来评。

其六，拍摄水平属于低端还是高明

影片整场似乎是邻居小哥手持录像机在拍。人也邋遢，景也糟糕，空气也污浊，还有那令人作呕的锅里炖着的羊骨，插入眼珠的羊骨……有点像《过于喧嚣里的孤独》画面，但比之真实了许多，亲近了许多。

结尾，导演让观众看到正义终将到来，就如《心迷宫》结尾的坦白一样，但是你心里仍然不踏实。

《芳华》三星

也许文艺片才能代表一个国家真正的影视水准。所以，目前国产优秀文艺片门可罗雀实属无奈。相比之下，《芳华》权可聊以慰藉。影片吸引了大批时代感鲜明的"那"一代人，也吸引了众多年轻的观众，只不过彼此感受难以苟同罢了。

因为对冯导过高期待，导致失望也不小，但依然值得看看。因为这是那一代人芳华的珍贵相册，是军人或军人家属或有军人情结的一代人的情感寄托。

芳华曾经眷顾每一个人，每一个人都会拥有芳华，留不住的芳华里你唯一不能不想的就是，留些什么在芳华里。芳华不在，你那颗年轻的心变了吗？

《杀破狼·贪狼》（港）三星

《贪狼》是近年港产片中难得一见的有"思想"的模式化"警匪"电影。故事结构紧凑叙事严谨，情感自然流畅，武打设计也可以，最关键的是心理活动控制较好，看着让人揪心。还有影片的立意较高，一是人性探讨，贪狼！谁人是贪狼？谁人不贪狼？二是权力的拷问？谁更有权限制人的自由？恋爱的，生子的？谁更有权决定谁高谁低？甚至，谁有权决定他人的生死？本片无论是主角古天乐还是一众配角，皆有不俗的表现。

《看不见的客人》（西班牙）四星

悬念迭起，但不牵强附会；结构精巧，但没有刻意雕琢；多重反转，但不令人生厌，难得的一部外语片。这些小众国家的电影正在崛起，相信2018年更多以往不被看好的国家会有好片进入中国市场。

《天才枪手》（泰国）五星

《天才枪手》这部电影把看似难登影院大堂的事件拍成了悬疑片，紧张且刺激！并且，无论是氛围烘托，还是精心剪辑，或是运镜与节奏，以及视角及立意皆堪称上品！是一部既有深度又有温情的片子，素颜的女主人公也别有一番"惊艳"！

⑩ 2017观影回顾（一）

（2018年2月14日推荐）

闲来盘点近来看过的20多部电影，大多数质量还好，多是在周末和家人一起观影，所以既陪伴了家人，又获得了艺术享受，值！下面结合自身的感受点评一二，供朋友参考。

《羞羞的铁拳》一星

喜剧，艾伦、马丽、沈腾主演。搞笑没得说，其他的就没啥啦，图一乐吧。

《拆弹专家》一星

典型的港产警匪片。刘德华、姜武、宋佳主演。场面还算宏大，剧情淡如水，权当向昔日天王致敬吧！

《美女与野兽》（美）一星

迪士尼出品，经典动画改编，炒冷饭N次。乏味平庸，但演员阵容豪华，感觉美影光芒日渐衰落。

《建军大业》二星

献礼历史片，一线影星大检阅。单单是不停地找寻自己喜欢的影星就心满意足了。何况，献礼片拍出这样水准也是难得，给赞。当时是动员儿子去看的，主要是感受一下热血青春激情澎湃，好男儿当早立报效家国之志。

《速度与激情8》（美）二星

新动作题材电影。枪战、飙车、肌肉男，是这部系列片的亮点，炫酷刺激，眼花缭乱，且每一部都有引领潮流的场面技巧。只不过，廉颇老矣尚能饭否？致我们终将逝去的激情吧！

⑪ 《生命中的美好缺憾》

（2018年1月14日推荐）

《生命中的美好缺憾》，有的译为《星运里的错》。我想象不出有谁看了会无动于衷。电影改编自《无比美妙的痛苦》，这也是去年我推荐的一本书，当时我是毫不犹豫给了五星。

⑫《无问西东》

真实的人生，坚毅的背影，无悔的青春。

这是我2018年观看的第一部电影，完胜2017年所有看过的影片，2017年我看过的电影里不乏爱，大多有情有灵魂，这是一部有思想的电影，其影响力范围可能不会太大，但一定影响深远！细数推荐理由如下：

1. 电影讲述了五个青春生命在四个不同时空里的故事

若让我用一个词语概括，就是"抉择"，这是一个讲述"抉择"的故事。中与洋的抉择，东学与西学的抉择，文与理的抉择，屈服与抗争的抉择，家与国的抉择，母爱、母亲与天下母亲的抉择，爱情与事业的抉择，爱情与友情、亲情的抉择，真心与虚无的抉择，真理的抉择，正义的抉择，人生的抉择……这一切都浓缩在"一框""青春的抉择"里。

所以，如果换一个直白一点的题目，就叫"青春的抉择"好啦。而"清华"是那个可以指点你迷津的神圣之所，她会让你遵从你真实的内心去抉择！

2. 爱情桥段戳中泪点

陈敏佳、陈鹏的苦涩爱情，感人。但是，切勿一叶障目，这部影片不是主打爱情。

3. 高颜值担当

帅气的男主角，个个有不俗的表现，即使是黄晓明、陈楚生，也融入了足够深刻的理解和自我追问，和一般的剧本演绎大不相同。女主章子怡的演绎真不愧影后，我喜欢！

4. "低调"

五年前杀青的电影，曾低调地在清华校园里拍摄，此后默默无闻。2018年初上映。这里面有足够的想象空间及自由发挥的空间，你可以边看边猜边八卦。

5. 清华的符号

那句"你是几字班的"多么自豪、多么牛气！只有羡慕的份儿，若你不明所以，赶紧上网查查。还有那永远引领青春的校服，不知今日如何，如果没了，好可惜，也许可悲。

6. 厚重而沧桑的历史

北京、昆明两地魂牵，草棚与清华园梦绕。太多尘封的历史，太多动人的故事，太多抹不掉的记忆。

7. 经典对白

"立德立言，无问西东。"

"别怕，我和你一起往下掉。"

"不要放弃，对自己的思索，对自己的真实。无问西东，只问自由，只问盛放，只问深情，只问初心，只问敢勇，无问西东。"

"同情逝者已矣，生者如斯，做快乐开心的事。如果提前了解了你要面对的人生，你是否还会有勇气前来？"

原谅我的浅薄，我不知道编辑"李芳芳"有何著作，但我相信她如果写小说一定不错的。当然，真正做到青春无悔，何其难。影片无数次的追问，其实就是"求真"，求"真心、真义、真爱"！

电影值得期盼，值得走入，值得回味……

建议，观影前要先走进"清华"，大略了解一下历史，知晓其中人物，体会其精神传承，揣度其警世用意。

---

⑬ **在留不住的《芳华》里留下些什么** ——谈一部我并不喜欢的电影

（2017 年 12 月 17 日推荐）

期待已久的《芳华》终于上映了。我急匆匆地赶到影院，眼巴巴地看到终场还不肯离去。不是因为太过留恋，而是因为不甘心，也许期望太高，这与我的想象差距太大，与原作《芳华》差距太大。冯大导演这个片子是仓促上马吗？是资金不够吗？是好演员难找吗？还是大导演根本没对这部小制作上心呢？同样是严歌苓的小说，《陆犯焉识》改编成的《归来》，那叫一个高水准。冯小刚把《芳华》导成了这么一部碎片化的作品？逻辑呈现有点混乱，故事叙述缺乏点睛，人物表现缺点张力，时代感又有点勉强……还有编剧，作者本人做编剧，本应给影片加分，不想却是减分不少，不得不令人怀疑作家可能没有多少编剧的功力。总之，还是看小说更有感觉！（欢迎查阅我之前写的《芳华》书评）

芳华曾经眷顾每一个人，每一个人也都会拥有芳华，留不住的芳华里你唯一不能不想的就是，留些什么在芳华里。

芳华不在，你那颗年轻的心变了吗？

⑭ 一奇二惊三爱四美五感动 ——观《寻梦环游记》的理由

（2017年12月10日推荐）

曾在朋友圈推荐《寻梦环游记》，好多朋友亲人去看。我外甥，二十几岁的大男孩，说"哭得稀里哗啦的"。他并非是多愁善感，我能理解，我也深知他的泪点在哪儿，成长路上的梦想、无奈、创伤、期盼，让他能够产生太多共鸣。但也有好友"批评"我，认为电影"名副其实"，整场下来木木的，没啥感觉啊？为了我喜爱的这部影片，我不得不写一个详细的影评，期望能帮着好友找到观影"好感"，弥补观影时的缺憾。

一奇

我不清楚这部片的票房到底是多少，但一部动画片能在中国如此轰动，票房一定会创造奇迹，我们拭目以待。其实，能够被男女老幼争相推荐发朋友圈，能被街头巷尾热议，这对于一部以墨西哥为背景的故事来说已经是奇迹啦。

二惊

惊讶于其奇思妙想，天马行空，令人咋舌的动画创意。连枯骨都搞得如此美感，连鬼魂都搞得如此"亲民"！

惊讶于其对死亡的认知！"死亡其实是生命的回照。是生的反面，也是生的补充。"最让我感受强烈的是"被遗忘才是真正的死亡"。

三爱

热爱家人。茫茫人海，来来去去。殊不知寻寻觅觅中，最亲的人一直在身边。家才是最温暖、最安全和最有爱的港湾。家人间可以有矛盾，"可以不需要原谅，但不应该被遗忘"。每个人都应该提醒自己，在你追梦的时候，你的家人被你遗忘了吗？这一定是影片所要传递的声音。

热爱生活。影片中充斥着浓浓的生活气息，普通百姓家，平平常常的日子，衣食住行，到处都是生活化的场景。而且，生活不仅是活着的人的特权，亡灵世界里一样有舞会、有歌声、有各色人等，即使是游魂，也一样色彩斑斓。

热爱生命。热爱生命才能直面死亡。鬼魂居然可以和活着的人和谐相处，或者说死亡只是坐上通往另一个世界的列车。生者与死者之间还可以沟通相会探亲，真正的死是生者的彻底忘记！从未见哪个民族能如此豁达地直面死亡，对死亡毫无恐惧，能把死亡如此描绘，把亡灵节渲染得如此惊艳的，未见其他。

四美

画面美。你看那街头巷尾家家户户的剪纸，那些闪着魔幻金光的菊花铺就的路，那座彩虹一样雄奇的奈何桥，那些充满民族特色的民屋宫殿，那些饰品服装动物及宏大的场景，甚至，那些骷髅……都有着从未想象过的美感。

色彩美。本片色彩更是美极。奇幻大胆，鲜艳绚丽，但毫不违和。丰富而不混乱，新鲜而不俗气，恢宏又毫不堆积。

音乐美。无论是舞曲还是独奏，无论是吉他还是各种鼓。片里的音乐每一曲都堪称佳作。几十首乐曲充斥影片始终，异域风情，欢快流畅。说它是一场音乐盛宴毫不为过。

歌声美。小主人公的歌声天籁一般，祖爷爷的歌声沧桑动情，祖奶奶的歌声撩动心弦，那个"歌神"的歌声磁力强大。

即使没有拍成电影，即使只是一个故事，这个故事也是足以打动千万人的故事。一个美丽的故事。

五感动

感动儿童。一场梦幻之旅，足以让儿童随着欢呼雀跃，随着流泪悲伤，随着甜蜜幸福。

感动少年。哪个少年没有自己的梦想？哪个少年没有不被理解的苦恼？哪个少年没有自由与约束的挣扎？哪个少年没有远方梦想与家人故乡的纠结……

感动青年。过了爱做梦的年纪，但梦并没有走太远，如今在影片的魔幻中，重拾梦想，感动依然。

感动成年。上有老下有小，对孩子的教育引导，对老人的孝敬奉养，让人到中年不堪重负。但在影片里可以感受那些无奈和幸福，并有所启迪。那些该疼爱却缺失，该孝顺却亲不在的，多少遗憾啊！

感动老年。谁不曾有过少年？谁不曾有过梦想？然而回首自己的人生之路，回想自己对孩子的强制与误"爱"，想想生命和生命尽头，甚至也倏忽地想象另一个世界。岂不感伤！

这样的好电影，真的难得！

⑮《摔跤吧，爸爸》 （2017年5月28日推荐）

假如我有女儿绝不这样做！

印度电影《摔跤吧，爸爸》口碑爆棚人气超旺，观影网站评分超9.8，创下四天票房破亿神话。受此影响，假期第一天我就巴巴地看了。

电影的确非同一般。导演一定是具有超高才华之人。影片情节设置不见雕琢却能牵着观众走，准确地拿捏着观众的泪点，巧妙地征服了观众的心，当女儿最终夺得冠军，国歌奏响，影院内沸腾了……

激动之余，我心头偏偏涌起无名的忧虑，一阵阵隐隐作痛，挥之不去。甚至遐想，如果我有女儿，会让她这样吗？圈里面有女儿的爸爸们，你们想自己的女儿这样吗？

当肌肉男神阿米尔·汗饰演的爸爸强行让女儿们"闻鸡起舞"时，我尚且觉得这个爸爸仅仅是自信强势，"严师出高徒"嘛！但，当他不顾女儿苦苦哀求，木然不屑地剪掉了女儿们的头发，连眼都不眨一下，让女儿像个尼姑一样在众人的嘲笑声中过街老鼠似的窜过大街小巷时，我真的又气愤又心疼。那个强悍的如神一般的爸爸可知她的女儿们那时死的心都有啊，只是不敢死。而且，不知观众注意到没有，整个影片中从没有女儿敢放声哭泣，是因为根本不允许她们放肆地大声哭啊！

这仅仅是父权的瑕疵吗？这明明是霸权啊！这是女权的斗争吗？这是法西斯式的逻辑啊！儿童难道就没有一丝一毫的自主权，自己的女儿难道就不得有任何的反抗？结局虽然是光耀辉煌，那就丝毫不顾及女儿仅有一次的宝贵童年吗？

这个励志故事全部的轨迹完全是爸爸的设计。我们在一遍遍为强壮的爸爸、严厉的爸爸投以赞许的掌声时，谁还曾在意女儿于瑟瑟发抖之际听到的大人们毫不在意的阵阵笑声。

是的，女孩可以剪短发，但那应该是女孩自己不喜欢长发；女孩可以吃鸡肉，但那应该是女孩自己的选择；女孩当然也可以摔跤，可以打铁，可以骑马，可以做船长，可以开战斗机，可以做男孩子做的任何事，但前提是不能在威吓重压下逼迫她做，要让她自己来选择。而影片中似乎一切都要有父亲这个神一般的权威来决定，妻子的宗教信仰，女儿们的生活习惯，在这位怀揣远大抱负的摔跤手那里都不值一提！

谁曾留意，女儿第一次摔跤比赛得到特别奖金时，一边道歉一边怯生生地把钱交给爸爸，那时爸爸的内心深处到底在想什么？乡村摔跤比赛举办者的心机其他人有没有？爸爸有没有？

还有，贯穿影片始终的精神之线，就是要"为国争光"。然而，我认为片中所谓的"国家的名义"，就是虚伪而华丽的外衣。这一切都只是沉浸在爸爸梦幻般的世界里。爸爸编织的虚幻外衣下，女儿真实的内心是怎样的？也许只有成为国家队一员时，有了集体、有了朋友时，想要留长发、想要染指甲、想要唱歌跳舞谈恋爱时，才真正有自己的生活，才真正开心，才真正是自己想要的生活，但这一切都不被允许，因为爸爸的梦想还没实现，因为为国争光的大业尚未达成。

当女儿不顾一切和爸爸摔跤较量时，不能不说是女儿的呐喊和反抗。影片却告诉我们，爸爸是神一样的存在，爸爸和所有人对抗，相信爸爸就会成功，不按爸爸要求做就会失败，包括头发长短。然而，为爸爸呐喊、为摔跤场上的女儿助威的观众们，别忘了，爸爸做这一切可不是为了女权，爸爸只是因为没有儿子，才把女儿硬生生地当成儿子罢了。

今天，观此影片时有没有人想起当年的马家军？这部影片如果十年前在国内上映一定更加轰动，如果二十年甚至三十年前一定会掀起全国学习的浪潮。但是，如果是在十年后才上映，甚至二十年三十年后再在国内上映，人们又会如何看待？

如果，我有女儿，我绝不这样做！绝不逼迫她剪掉心爱的长发！

如果，我有女儿，我绝不这样做！我不会以爸爸的名义，或以女权的名义，或以生存的名义，或以成功的名义，甚至以国家的名义，限定设计女儿的人生。

我只以爱的名义，呵护她，心疼她，宠着她。小心地陪着她成长，幸福着她的幸福……

⑯《一条狗的使命》 （2017年3月18日推荐）

推荐轻喜剧电影《一条狗的使命》。不能剧透，只说感受。

这部电影剧情很简单，却直击人心；没有宏大奢华的场面，乡村风光一样很美；不需刻意煽情，却让人潸然泪下。

也许有人看过之后相信了因果轮回，也许有人看过之后相信了前世来生，也许有人看过之后相信了一句爱的承诺"只为找到你"。

一条狗对于人的意义远比人所意识到的要沉重，"虽然它只是你的宠物，但你是它的一生"。

当对狗狗发出誓言"我养你了"，于是在狗的情感世界里，我们看到了"纯粹、专一、忠诚、永恒"。

抽空看看这部影片，因为人们需要爱来抚慰内心！

⑰《百鸟朝凤》 （2016年5月20日推荐）

据说网上热议《百鸟朝凤》，且有众多圈中深孚众望之人的力挺。

我看了，真心觉得不好看，但绝对值得看！千真万确应该看！虽然我不太理解那些名人行家大小咖为什么极力为之站脚助威，更不明白为什么还有人毫不顾忌地流了那么多泪。总之，观影中我总是觉得比较"拧巴"，但也明白了其中的"坚守"。

⑱《查令十字街84号》 （2016年4月29日推荐）

还能被感动得一塌糊涂……

说明心态还未老！朋友们有空看看《查令十字街84号》，不知会不会还觉得很美好……

⑲《一步之遥》 （2016年5月20日推荐）

任性与执着仅一步之遥！

毕竟不年轻了，怎么能守到午夜12点去看姜文电影《一步之遥》的首映呢？不过还是心痒痒，于是看了第二天的续场。满怀期待地去看，看过后又觉得空落落的。《星际穿越》足够深邃，令人震撼。《我的早更女友》虽然胡扯，却也煽情。可姜文的电影经常令人无法笃定地谈谈感受，也许是因为他根本不需要大众化的主题！他只为自己的感受拍电影！而我一定要为此喝彩！

一步之遥！真与假，爱与恨，富贵与贫贱，生离与死别；毁与誉，褒与贬，嘲讽与劝诫，正义与邪恶；前与后，古与今，梦幻与现实，画里与画外。真的只是一步之遥。

姜文的电影太任性，任性地去嘲讽任何偶然落入他眼底的人和事，嘲讽和吐槽过后从不会道歉。他的确任性，讲故事的手法太老套，画梦境的笔法太单一。他真的任性，不愿为了看不懂的人而直白地讲话，也不愿对那些故弄玄虚者澄清立场。他就是太任性，不管拍电影的怎么变，看电影的怎么变，他就是那个拍法。他实在太任性，他的其他感官似乎越来越钝，因为他任性地只用他的脑子去想电影——也许这是因为他太执着，谁知道呢？任性与执着仅一步之遥！

⑳ 看雪的冲动 ──谈徐克的电影《智取威虎山》

（2016 年 5 月 19 日推荐）

冬日里的暖阳最是难得！

《智取威虎山》的上映就如同圣诞期间寒意阵阵的影视界中一抹暖暖的阳光，任谁看了都会萌生想要去看雪的冲动。

影片改编自《林海雪原》，这可不是一个陌生的故事，尤其是"智取威虎山"的桥段更是家喻户晓。就是这样一个老旧的故事，一个京戏中的样板，徐克导演居然酝酿了近 20 年。今天终于如愿以偿，搬上了银幕。

影片最亮眼之处，令我心旷神怡的，是那苍茫茫的雪！空中俯瞰大地、森林、山峰，皑皑白雪一望无垠。漫天雪花飞舞，飘飘洒洒，如梦如幻。乡村、房屋、场院，厚厚的积雪，袅袅的炊烟，如痴如醉。林间滑雪，闪转腾挪，风驰电掣，潇洒自如。雪中行走，一步一用劲，咯吱吱踩进半米深，呼哧哧拔腿再前行，嘴里喘着粗气，头上冒着热气，慢得赛蜗牛，可心里却没有一点怒气，怕是惊着雪吧，雪的冲动可是雪崩啊！

影片最核心的看点，当属剧中那些刻画"入木三分"的人物。首先是杨子荣，这里的杨子荣真的很特别，扮演者张涵予很"爷儿们儿"，少了那份"高大上"的正义光环。胡子拉碴，说荤段子，唱二人转，土气，但更真实。我们今天在荧幕上看到的杨子荣，其实是"一直在徐克心目中陪着他的杨子荣"，这个杨子荣接地气。"座山雕"则是一身的"妖气"，可能是为了让观者感觉阴森恐怖，但实际观感则如同动漫人物……

第二个看点，应该是叙事手法的"求变"。说是讲故事，讲的却不是久远的剿匪故事，而是当下一个励志青年寻梦的故事。因此，这故事就更加好看了。历史与当下的穿越，梦境与现实的呼应，是不是有一点魔幻现实主义的味道？而且，杨子荣和"座山雕"的对决，竟然有两个版本的结尾！

再有一个看点就是宏大的 3D 技术。片中有大量表现战斗、滑雪等大场面，视觉冲击力特强。据说担任 3D 制作是《龙门飞甲》的原班人马。

有一点不得不提。有一个场景，让我很是不安，以致看后经常冷不丁就闪现。匪首"老八"养的两个宠物——两个像狗一样拴着、叫着、叼着骨头的人！不知徐克导演哪里来的灵感？

要说遗憾吗，杨子荣如果是孙红雷扮演就更好了。

好了，以上是作为一位普通观众的一些观感。此片于我还有另外的意义，一个在南粤飘零的东北人的一次"梦回家乡"。观影其实也是寄托了些许乡思。这乡思，宛若一缕微风，穿越山川大地，急盼着去看看雪原林海。但这风就如同人一样，微小得恰如一粒尘埃，需要亲友们小心呵护一下，让这尘埃，最终能旋进疾风，托起大片的雪花，然后翩翩起舞，最后能飘进乡村，投入大地的怀抱，最后宛如尘埃落定。

我的家乡是黑龙江，《林海雪原》的故事发生在解放战争期间的黑龙江省牡丹江市乡村夹皮沟。黑龙江流域其实并不适合人类居住，很多年前人们称为"北大荒"，非常形象。而今叫作"北大仓"，我觉得没那么美好，一年中大部分的时间其实还是很荒凉的。黑龙江的气候环境之恶劣是南方人无法想象的，人们实际上是时时刻刻在与"恶"的生存环境做斗争。我印象最深的是"冻疮"，小时候哪个没被冻坏过？多数都是脚被冻坏，穿着棉鞋一样被冻坏，其次是手被冻坏。还有就是食物的匮乏，冬季往往是白菜土豆过一冬。也许正是因为生存环境的恶劣，使得东北人个个沾了几分"恶气"。北方人不怕恶，因为骨子里面就有"恶"，不同的人这骨子里的"恶气"外在表现也大相径庭：有的成了"大无畏"，有的成了"刚猛"，有的成了"玩世不恭"，有的成了"愚蠢"，有的成了"阴毒"，有的成了"悍匪"……这么多种"恶"，你在徐克导演的《智取威虎山》中都可找到"典型"。不信，你试试看？

（说明：本章中对所推荐的书或电影进行的"星级"评价，从一星到六星不等，只代表个人的观点，不能等同于该书或该片的真实水平。特此说明。）

第六章

做一个拥有"真爱"的人

　　做一个拥有"真爱"的人，便每天都幸福满满。自然淡定而从容、真诚而柔和，幸福的故事每天都发生在你身边。因为天使就依偎在你身边，天使永远与"真爱"同在！

6

做一个拥有"真爱"的人

我这个人的长相从来和"帅哥"无缘。老友这样描述:跟老郑共事近十年了。十年来,老郑的发际线悄悄后退了些,脸蛋稍稍圆滚了些,腰腹也略微粗壮了些。眼睛好像没怎么变,睁开时很大、很圆,尤其是跟你争论点儿什么的时候。大多数时候它们都显得很小,特别是笑起来的时候,简直就是一个"二凤(缝)"……

虽然老郑其貌不扬,不高也不帅。但是老郑每天都很知足,幸福指数一直很高。是啊,有什么能比做老师更幸福呢?你每天接触的都是那么天真烂漫的孩子。而且,他们无一例外真诚、宽容、充满期许地面对你。

确实,我每天都幸福满满的,因为有那么多可爱的"小天使"。他们喜欢上我的课,课下也喜欢和我交流。他们经常来我办公室打招呼,尽管办公室离教室很远。他们和我毫无隔阂,因为我是学生最喜欢的老师,这一点我深信不疑,并引以为豪……是的,我在他们的爱与信任中渐渐"成长",而且,内心愈加洁净而祥和。

多年来,我用心记录着和孩子们相处的点点滴滴,编辑整理了几本教育叙事集。有《爱的三部曲》《春雨的故事》《写自己的教育诗》《豆儿班的故事》《豆儿和我的故事——献给即将毕业的六(1)班》等。

一位老校长看过我的一本叙事集后说:这本书深深地吸引着我。一口气从头读到尾,掩卷深思,心潮澎湃。整本书42篇故事,一一对应班上42个孩子。一篇篇小故事娓娓道来，一股股温情缓缓流淌，一个个栩栩如生的人物跃然纸上，平平淡淡的往事之中凝结着不平凡的师生之情。这是教师的真爱，真爱学生，爱每一名学生。在郑老师的笔下，他的学生个个都是那么的灵动、可爱，这是因为在郑老师的心里他们是"天使"，绝没有一个"差生"，绝没有一个可以被"漠视"，这才是教师应有的情怀啊。泰戈尔曾感叹：不是槌的打击，乃是水的载歌载舞，使鹅卵石臻于完美。郑老师选择了智慧地爱他的学生。育人本应是心灵的互动，是情感的交流。如果孩子们能和我们真心交流，那才是做教师最大的幸福。你是否幸福，要看你是否选择了感受幸福。决定你成为怎样的老师，不是你的能力，而是你选择怎样做老师。

一位同事在一篇短文《真爱，老郑》中如是说：读老郑和他的"豆儿们"的故事，像读童话。如同一个疲惫的旅人来到天使的花园里，享受了众多"豆儿们"爱的慰藉之后，他变了，变得纯洁、从容、真诚、敏感而且柔和。这样的故事，美好，仿佛就发生在你我的身边，发生在我们幸福工作的每一天。

一位广受同行尊敬的前辈则说：郑老师在这方面（爱学生）有自己的智慧，他学会了欣赏学生的美，学会了感受学生的爱。郑老师的每颗"豆儿"都很"萌"，他们纯洁、天真、机灵、乖巧，释放着生命的活力，让郑老师迟迟不愿告别青春。"豆儿们"在郑老师的心尖儿上扎了一个小小的根，吸吮着，也悄悄地生长、绽放着。这种生长和绽放给了郑老师无限的感动，让他的爱充满力量，更为持久。那些平平淡淡的爱的故事，没有传授什么特别的教育秘籍，只是絮絮叨叨地倾诉着：孩子们，在你的年轮里，会留下我爱的印迹。

吴正宪老师则这样鼓励我：从郑老师的"故事"中，我能真切地感受到郑老师是幸福的。教师的幸福来自学生，来自点点滴滴的积累，来自旁人不经意的一件件小事，而这些幸福都源于教师对职业和学生的热爱。

做一位拥有"真爱"的教师，学生当然也会真爱你。

怪话大王——小董卿

　　"小董卿"真名董清，因其长相酷似名人"董卿"，于是就有了这么个雅号。人家可是非常爱听这个"假名"，甚至忘了自己的真名！有一回在试卷上真的署名"董卿"。

　　小董卿是班上个性鲜明的孩子。开朗乐观是她最大的特点，此外还有好多可圈可点之处。

　　首先是"怪话"多。甚至在课堂上说得有些怪话很"过火"，估计其他孩子可不敢随便这样说，不过我不在乎。她说这些"怪话"时自有可爱之处，可以看到她的"真实"，不遮不掩。下面我罗列了一下她曾经"奚落"我的怪话，请大家看看她有多"过分"。

　　"郑老师，你真是太自恋了。"

　　"老师，你也太坑爹了。"

　　"可恨，你分明是在玩我们啊。"

　　"我去，你害死我了。"

　　"又不早说，赖皮啊。"

　　"小董卿"这个名字曾经一度是我数学课上出现频率最高的词汇。那个时候真担心她会落后，学业跟不上。因为她是出了名的"书虫"，她看书的样子我最喜欢了，很安静，像一幅静态画。她看的书甚至还有小仲马的《茶花女》。但是，数学课上看书，而且看的都是非数学的"闲书"，那就不行了。所以我是不断地"矛盾"着"管束"这个"小虫"。再加上她有时候开小差，所以数学课上我就反复地点她名，为的就是将她"唤"回课室。

五年级下学期，她的情况慢慢好转了。不仅听课认真，还成了最爱回答问题的同学之一。她的积极性特高，不让回答都不行。经常是举手时举着举着就站起来，身体如同向日葵一样地跟着我转，嘴里还"我呀，我呀，让我说呀"地叨叨个不停。我有时故意不让她说，她就拽着我的衣服，甚至一只手箍住我的胳膊，来了个不让说就不能走，常常逗得同学们哈哈大笑。

她还是一个画漫画的"高手"。有时在作业本上画一个梳着两条小辫子的小姑娘，留下两串大颗的眼泪，旁边标上一句话："真难啊，我可不会了。"有时画上一个"小美眉"，旁边写着："这次做得怎么样，这都是我自己做的。"也有时画上一个笑脸，得意扬扬的样子。我也经常在本上回复她几句，算是沟通吧。批改作业时偶见这么一位"小主"，偷乐一下，也算是个放松吧。

她还有一则"糗事"，想来就忍俊不禁。一次课间，我正在班上批改作业，她像小猫一样偎过来有一搭没一搭地找话。看我翻开了一本作业后皱了皱眉，她就在一旁插话："咦，这好像是我的啊。"说实在的，这本作业真"不咋地"。我叹了口气。她又插话："呦，这和我做的一样哎。"我在错题上打了个红红的"大差"。她则沮丧地说："哦，我就是这么做的嘞。"最后，我给了这份作业一个"良"。她抿着嘴狠狠地点了点头说："嘿，这就是我的。"我故作严肃地看了看她，慢慢地合上作业本，露出姓名。周围的同学哈哈大笑起来，封面上分明写着别人的名字。她的脸腾地红了："啊——嗯，这不是我的！"

现在，她不再是我课堂上"提名"最多的了，她的成绩也一直在慢慢地提升。不过我依然很担心，毕竟女孩子学数学不是件轻松愉快的事，我期望她能在求学路上顺顺利利地渡过一个又一个难关。

如今，"小董卿"毕业了，我还时常想起她。

一片珍贵的大树叶

　　某日，上课不久，班长急匆匆地报告："阿彬发疯了，把周围几张桌子全推倒了，还打同学骂老师。"寄宿生中阿彬可是个出了名的"小魔王"。

　　一路上他大声吼叫哭闹不止，没办法我只能把他抱起来。终于把他弄到我办公室了，人家索性坐在地上号啕大哭。我也一屁股瘫在座椅里，双手发抖，胳膊上是这小家伙挣脱时弄得两块瘀青。再看那个"小魔王"，脸涨得通红，满脸都是汗，头发也打了绺，似乎要中暑，我起身开了空调又"扑通"坐下。坐在地上的阿彬脸色缓过来一些，头上还冒着热气，却也不哭了，只不过还在喘着粗气。我递给他纸巾让他擦汗，他脸一扭"哼"了一声。我俯下身去给他擦了擦，他却用力地用手挡开。

　　又过了一会儿，我心跳平缓了。看着叉腿坐在地上的阿彬感到很诧异，他是我们班最瘦小的一个，平时弱不禁风，动不动就头疼脑热的，没想到今天这么大的劲儿，像一头受了惊的小牛犊。难道是平时经常喝汤补出的力气？他爸是个老板，几年前离异，新妈对他很宠。一次家访，他爸自豪地说"别看家庭离异，但不能对不起孩子"，他再婚的硬性条件就是爱人一定要对他的孩子好。那亲妈更是疼爱孩子，每天中午都要煲好汤送到学校来并且喂孩子吃，我曾好意劝他的妈妈不用这样，学校的伙食很好，可人家根本不听。

　　我看他好像坐倦了，双手撑着地。我就扶他起来，他倒没反抗，顺势靠墙站着，还不时蹭来蹭去。他平静了，我也歇过来了，对他这样的小孩，严厉的说教毫无作用，这是多次事件后多位教师的经历所证明了的。这家伙的牛脾气曾让许多老师甚至校长都吃过苦头。他爸爸的教育原则就是从来没时间过问，一有投诉就是一顿暴揍。据说阿彬一次挨了揍后居然闹绝食，后来是妈妈好一顿安慰才算"原谅"了家长。

感到无聊的阿彬蹭到了书柜旁，拿出了那片"大树叶"仔细地看了起来。那是他送给我的"礼物"，是他用厚书压了一年多的树叶标本。那树叶大过数学书，不但大而且脉络清晰，非常漂亮。我伸手把树叶翻过来，又递给他看，那后面是我贴的一张字条，上面写着这样一段话："这是我收到的最珍贵的礼物，它是一个可爱的孩子用'心'做的，能得到这样的礼物我感到做老师的自豪，这是一片最珍贵的大树叶，我要好好珍惜它。"阿彬长长地出了口气，眼睛湿润了。然后他又小心翼翼地把树叶夹到书柜的玻璃后面。

阿彬有点累了。我拽过一把椅子，拉他坐到我身边。肖老师进来看到阿彬打趣道："你又惹事啦，看郑老师多疼你，经常夸你聪明懂事，你可不能气他呀。"的确，他很聪明，数学课上爱听不听的，数学作业三天打鱼两天晒网，可一考试就能得90分！懂事就谈不上了。同学们都说我偏向他，对他特别宠爱，开玩笑说他是我"儿子"。几个任课老师见我经常为他开脱，也这样和我开玩笑。小家伙也看得出我喜欢他，每次数学课后都跟着我回办公室，一路上扯东扯西的。我也的确觉得他蛮可爱的，只是被家长过分宠爱，有一些坏习惯罢了。肖老师走后，阿彬偷瞄了我一眼，不好意思地笑了。

也许他看我迟迟没有什么针对他的"措施"，显得无聊了，就凑过来摸了摸办公桌上的电脑鼠标。刚好桌面上有毕业班老师做的一个班会用的片子，其中有一段是汶川地震时老师们保护学生的震撼人心的故事。我顺便把这一段调了出来放给他看。他饶有兴趣地看了起来，看得很投入，看来片子吸引了他。他探着身子，单腿跪在椅子上，费劲地够着看电脑屏幕，很不舒服。我干脆把他抱起来，靠坐在我腿上，这样离电脑近了，看片子就舒服多了。看完这段视频后，他就起身又站在办公桌旁边了。我刚才也一起看了视频，很感人。

下课铃响了。班主任推门进来看了看阿彬，一脸严肃地坐到一边。阿彬竟自己走了过去，对班主任说："老师，我错了，我再也不这样了。"说着竟呜呜地哭了。接下来就顺理成章了，班主任晓之以理，动之以情，既批评了他的错误又肯定了他主动认错的态度，然后阿彬又做了保证，回去还要写一份检讨书在班上读，那态度真的很诚恳，离开办公室的时候还哽咽着。班主任老师过后问我是怎么"拿下"他的，有什么高招让这个"小魔头"低头，我故作神秘地一笑，说了两个字"无言"。

爱是一种伟大的情感，她总是在创造奇迹！正如泰戈尔的诗句："天空没有留下翅膀的痕迹，而我已飞过。"师爱就蕴藏在平常的琐事中，于细微之处见真情。爱本无痕，师爱无言。

小　荷

　　小荷是何许人也？豆老师（郑老师自称）其实早就有所耳闻了。她在三年里转了四所民办学校（其间留了级），班主任在小荷转来的第一天就已经向所有任课老师都发出了"黄色预警信号"。豆老师在课堂上尽可能地"留意"她，"没事找事"地表扬她。不过，这小荷的确太"江湖"了，根本不吃这一套！

　　这不，她又在课堂上肆无忌惮地"骚扰"近邻了，而且屡禁不止！豆老师从来没有这般气愤，几步冲到小荷面前，压低嗓子吼出了一句："你到底要老师怎样才肯安静？"小荷毫无惧意，也低声嘟囔了一句，豆老师没听清追问了一句。旁边"小豆角"快嘴儿说："她说让老师吃屎！"豆老师一听，仿佛五雷轰顶，目眩耳鸣，传说中的练功走火入魔也不过如此吧！"什么？！"此时用"恶向胆边生"来描述豆老师最恰当不过了。"我就说了，你开除我呀！"小荷仿佛等着盼着老师这样呢。空气仿佛在这一刻凝固了！如果教室里有一个老鼠洞什么的，豆老师一定会毫不犹豫地钻进去。可惜什么缝也没有，豆老师必须面对。关键是他真的不知如何面对。最后，只能低着头，踱着千斤重的步子回到讲台前，继续为学生上课。

　　几天之后，豆老师开始"不经意"地在校门口碰到小荷妈妈。一回生，二回熟，小荷妈妈开始"无话不谈"了。原来她妈妈曾经是舞蹈演员，年轻时自是少不了"狂热的追求者"（小荷妈妈语录）。爸爸是哈尔滨人，大学毕业后成了"北漂儿"，现在在北京一家大公司做经理。人帅气、有成就且有财。二人郎才女貌、珠联璧合。小荷就是在这样幸福的家庭中诞生的。也许真的是"红颜薄命吧"（小荷妈妈语录），一场大病击垮了妈妈，由于经常服用激素类药物，妈妈不到一年胖了20斤，几年后就变成了今天这样的"肥婆"（小荷妈妈语录）。随着妈妈的巨变，爸爸也有了变化。由经常晚回家到经常不回家。夫妻争吵愈来愈白热化，当然受伤害最大的要属小荷了。曾有一次，小荷拎着一把菜刀横在爸妈之间，哭号着说："你们再吵，我就把你们都杀了。"妈妈无奈之下带着小荷回广东姥姥家，之后又自己住。婚姻正处于"假死"状态，而且妈妈没做什么工，生活开销及治病的钱都是爸爸提供。小荷从来不缺钱花，上贵族学校，穿名牌鞋，背名牌包，玩名牌玩具。爸爸妈妈依旧吵，在电话里吵，妈妈总是吵完就哭，哭完就骂小荷，最常骂的就是"你爸狼心狗肺，你也狗肺狼心"。（小荷妈妈语录）

随着时间的推移，豆老师和小荷熟了，和小荷的家庭熟了。小荷算是"给豆老师一个面子"（小荷语录），数学课上不闹了。拿小荷的话就是"欺负老实人没意思"。这也因为豆老师的确信守了为小荷保守秘密的承诺，没向任何人说出她家的故事，连班主任都不知道。小荷依旧在同学们面前吹嘘，"昨天爸爸给我过生日了"，"爸爸妈妈带我一起去游乐园了"，"爸爸每天回家都要黏糊我亲我，烦透了"，"我不就是个小感冒吗，爸爸妈妈一整夜地在床边看着我没合眼，唉，真是的"。其实爸爸两年没和她娘儿俩见面了，可想而知她心里那份渴望！

看来，这个家庭的不完整，导致小荷今后的路很危险也很痛苦，而爸爸可能就是关键。怎样和这个成功的型男子打交道呢？豆老师堂堂一个"爷们儿"怎好"插足"他人家事呢？最后，豆老师把小荷经常拿来吹嘘的那些话整理成了一段文字，起了个名叫"小荷的梦"，以书信的形式寄给了小荷他爸，署名"一个东北老乡、老师、朋友"。你能想到后来发生的事吗？据说她爸爸看过信后在公司当着所有员工的面就号啕大哭。之后，两个东北汉子成了朋友。豆老师也了解到了爸爸不曾对妈妈说的痛苦与自责。妈妈得病后性情大变，脾气暴躁，对婚姻极度恐惧和担忧，感情方面更是胡乱猜疑。有一次还到爸爸公司大闹，把一个想象中的"第三者"挠了个"满脸花"。

为此爸爸没少赔礼道歉，花了相当一笔钱，"那三孙子样就差给人跪下了"（爸爸语录）。爸爸实在是受不了这种种的"家庭暴力"才不愿回家。老婆女儿离开的这几年，他没有一天不是在愧疚和气愤纠结下过日子的。豆老师不止一次地对爸爸说理解他，事实上他是真的理解这位中年男人。

在豆老师的极力撮合下，一家人在中山团聚了。

半年后，爸爸把小荷和妈妈接回了北京。据说找到一位名医，绝对能治好妈妈的病。为此，豆老师不止一次地想象过小荷妈妈变回原来的模样，那真是影星一般。小荷就像妈妈。豆老师曾有过这样的念头，要是自己也有一个长得像小荷这样漂亮可爱的女儿……

一年后的教师节，豆老师收到一条没有署名的短信。短信中说：我是您以前的学生，在教师节这天，我献上最真诚的祝福。老师，您永远是我最亲爱的老师。几天之后，豆老师又收到一条没有署名的短信。内容是：我最亲爱的老师，您忘记我了吗？我就是那个说您"吃屎"的混蛋啊，我永远也不会忘记您的。其实那天我没有说"吃屎"，我说的是"痴腺"，是刚到广东那会儿新学的词儿，觉得新鲜就经常挂在嘴上。老师，您真的原谅我了吗？我曾经无数次地在心里默默地向您道歉。老师，原谅我吧！

是小荷！两个短信都来自同一个号码。

要“分”

那个哭着找我要“分”的小女孩如今毕业了。

受邀参加实验小学那个我曾经教过两年的六（1）班孩子们的班级毕业晚会，真是让我惊喜不断，感慨万千。这是个小班额，35个孩子，居然搞了一台近两小时的毕业联欢会，歌曲、舞蹈都特别精彩，甚至可以直接组队参加市赛！器乐、相声、小品、魔术……一应俱全。导演、场工、服装、摄影等都是家长义工！孩子们多才多艺、活泼开朗、自信大方！看着孩子们的笑脸在台上如花“绽放”，往事一幕幕袭上我的心头……

记得有件事曾让我哭笑不得，更让我难以忘记。这故事的主角就是今日台上星光闪耀的一位学霸“美少女”，三年前她曾经因单元成绩测试不理想找到我。我原打算帮着找找原因批评几句再鼓励鼓励，令我始料不及的是没等我“发难”，这小家伙瞬间“泪崩”，开始是那种无声的哭泣，那眼泪真的就如“雨下”啊，只是对视了一眼我就败下阵来，由攻转守，开始“温柔”地安慰起来了。哪承想她突然放声大哭起来，哭得那个伤心啊，鼻涕一把泪一把的，非要我给她加分，说妈妈要是看到她89分会“打死她的”，我明知道她这是夸张，她妈妈虽然严格但绝不会真打她，但是她那悲恸欲绝的哭声真是把我的心击碎了，我一边说“好好好”一边努力在试卷上找分，可实在找不出可以加分的地方呀！我就说：“那我借你1分，下次考试扣掉行不？”那就一横心，给了，把分改成90分（第一次给学生分数作弊）行不？

不行！妈妈还是会"打死"她。那多少分行啊？必须95分！我早已被她伤心痛哭弄得要掉泪了，当时真感觉她妈妈太心狠了吧？怎么能把孩子压迫成这样呢？最后还是迷迷糊糊极为愧疚地把分数改成95。刚一落笔，她便以迅雷不及掩耳之势一把扯过试卷欢快地蹦跳着走了。这表情，由悲恸欲绝秒变兴高采烈啊，长大不成"影后"都可惜了。眼见她在我眼前消失，我半天没缓过神来，同办公室一老师目睹了这一切后早已笑翻啦……

　　类似的故事还真不少，我虽然在工作中有时急脾气，但这些年从没对孩子发过火，在他们面前我的强硬总是瞬间被击垮。我不是要求不严格，不是对他们没目标，只是，我会把对他们的期望分成一小段一小段，慢慢地推动他们一点一点地前进，然后达成目标，在他们能够适应的压力和融洽的环境下提升自我。他们也许不知道，但这个"渐变"的过程我会格外留意，我会小心翼翼地呵护他们的成长……

　　如今，那个"要分"的小女孩和同学们都长成了"大孩子"，要毕业了。看着他们个个健康苗壮，我很是欣慰，虽有不舍，但更有期许！愿他们今后的日子里依然让阳光洒满内心世界的每个角落，愿他们未来征程一路阳光！

后 记

经过断断续续的几十个深夜"鏖战"之后，我终于把"书稿"整理出来了，压在心头的一块"大石头"也终于落地。从教师节前，"豆儿们"回来看我，鼓励我出书，或者说是"逼"着我"提升"自我，到现在，两个多月过去了。其间，学校工作比较繁杂，我经常忙到忘东忘西的。而且还经常出差，到广州、到南京、到西安、到常州、到北京……但是，无论在哪儿，无论干什么，心里总是惦记着要整理整理书稿，我不想再让我的"豆儿们"失望了。一直作为他们心目中的榜样，我不能在这件事上退缩了。可这期间的"痛苦"是前所未有的，说白了就是自己的能力水平真没有达到"出书"的水平。这次我是真切地体会到了"赶鸭子上架"这句俗语的含义。为了保持在孩子们心目中"完美"的形象，我也真是拼了！

好在平日里我还是爱动笔的，所以积累了一些文字，整理了近25万字的资料，经过筛选，留下近17万字，而留下来的这些都是近两三年所写的东西。其中第一章"菁菁者莪，乐育材也"，主要收集了我在一些重要集会活动上的发言。例如，几篇"毕业典礼致辞"，几篇"师生座谈会发言"等，反映出我的教育观念和育人理念。这一章的内容既可以算是说给孩子们的"肺腑之言"，也可以作为同行们育人工作的参考。第二章"更有价值，更有成就，更有尊严"，主要是教师会议上讲话后的整理稿，诠释了我的职业操守和教育理想，也包括一些关于师德建设的观点。第三章"心动，行动，爱蕴远方"，主要记录了我关于艺术、体育、科技等方面的一些认识和理解，以及蓝波湾学校在艺体特色方面的追求。第四章"智趣交融的课堂"，收录了我的几篇数学教育方面的论文，反映了我的教学观念及课堂教学策略。第五章"一起读好书，一起看佳片"，收录了我近两三年的一些读书推荐或读后感，还有电影推荐或观后感。能做师生的"阅读引路人"一直是我引以为傲的事情，我甘愿做这种幸福的"摆渡人"。第六章"做一个拥有

'真爱'的人"，收录了几篇我与学生温馨的"教育故事"。全书六章，分别从"我与学生""我与教师""我与艺体教育""我与课堂""我与阅读""我与豆儿"这六个角度呈现了我的"教育情怀"，是我与教育的"坦诚相见"。

从三年前原本想出版那本《豆儿和我的故事》，到今天变成了完全不同的《为人格盛开——蓝波湾学校育人行思行远》，不知道已经毕业三年多的"豆儿们"对此事有没有意见呢？应该不会的，毕竟我达成了"豆儿们"和我一致的目标——出版著作。我还能继续做他们喜欢的、信任的"榜样"！

我对"豆儿们"总算是有了交代！

致　谢

《为人格盛开——蓝波湾学校育人行思行远》能够出版，荣幸之至！

感谢我的"豆儿们"，是他们鞭策着我，激励着我，给我勇气和力量。没有他们，也许我连想都不会想什么出书。感谢徐铭侃校长，是他的鼓励与宽容，才使我在繁忙的工作中抽出时间搞点"副业"。感谢理事长及姜虹总监在经费上给予的大力支持。感谢出版社的付老师，从始至终给予我密切的配合及无微不至的关怀与帮助。感谢编辑老师们，这本书的文稿应该是令他们非常"头疼"的，谢谢他们的包容。

当然，最应该感谢的，是我的同事们、学生们，其实他们才是我这本书里真正的"主角"……